Laura Agustí

GESCHICHTE EINER KATZE

Übersetzung aus dem Spanischen
von Anja Rüdiger

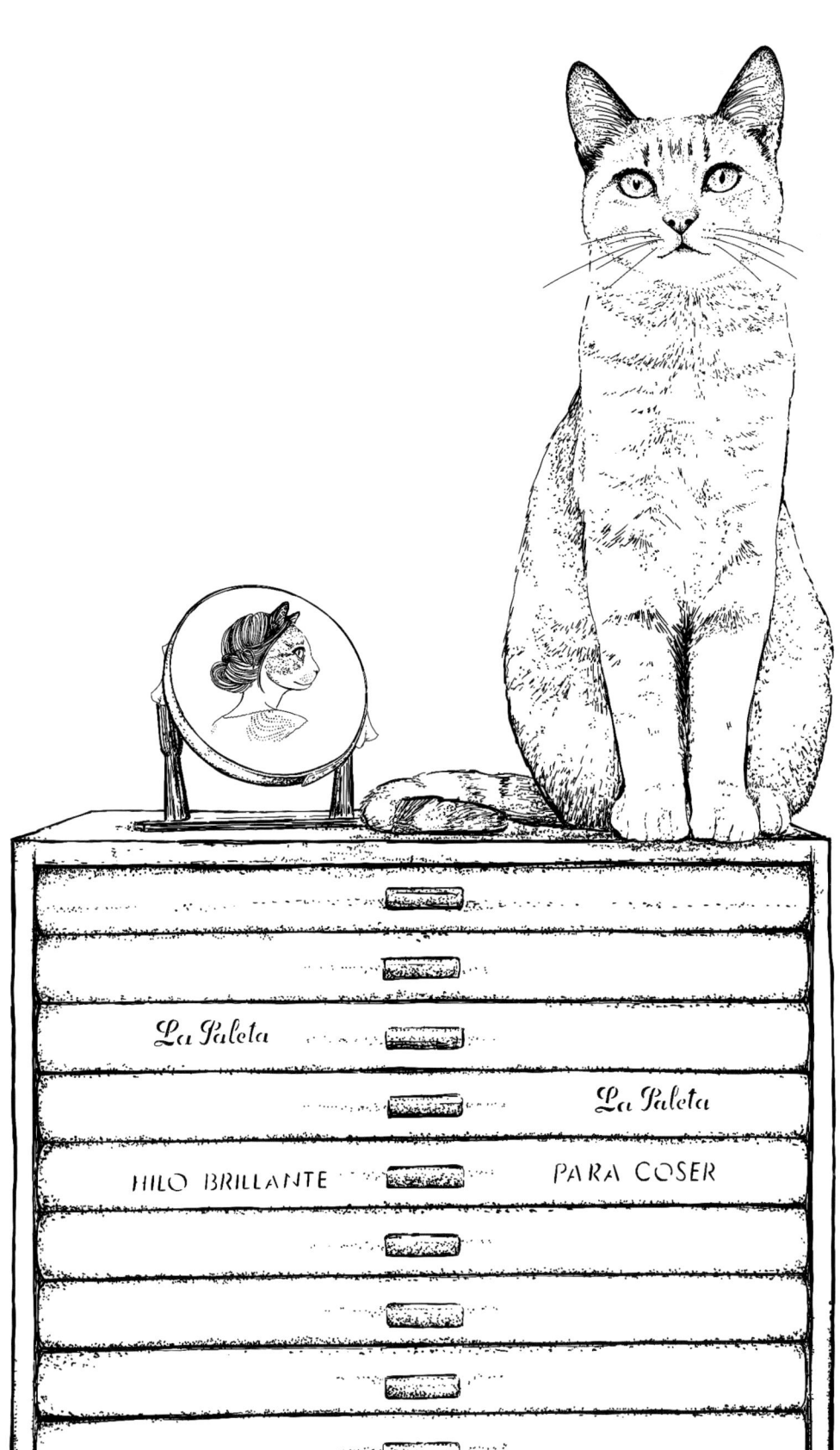

Ich war schon immer dagegen, Menschen mit Etiketten zu versehen, weil ich denke, dass man sie dadurch kleiner macht, als sie sind. Außerdem habe ich dabei das Gefühl, als würde ich sie in eine der vielen Schubladen von so einem alten Schrank stecken, wie es ihn in der Kurzwarenhandlung gibt, in die meine Mutter mich und meine Schwester früher mitgenommen hat, wenn wir aus der Schule kamen. Perfekt nach Form, Größe und Material geordnete Knöpfe. Bunte Reihen von Garnrollen, bei denen sofort die nächste an die erste Stelle rückt, wenn man eine herausnimmt. Noch heute macht es mir Spaß, mit den Fingern über die glänzenden Rollen zu streichen, die eine neben der anderen, nach Farben und Textur sortiert, bereitliegen. Doch bei Menschen ist das etwas anderes. Wenn jemand merkt, dass ich Tiere mag, ist die übliche Frage, ob mir Katzen oder Hunde lieber sind, und ich antworte immer, dass ich auch Hunde mag, aber dass ich, solange ich denken kann, eine große Katzenfreundin gewesen bin. Ich liebe Katzen, und es wäre unmöglich zu beziffern, wie viele ich in all den Jahren gezeichnet, fotografiert oder gemalt habe.

Mit den zärtlich schnurrenden Samtpfoten verliere ich jedes Zeitgefühl. Mich fasziniert die Entspanntheit und Sorglosigkeit, die Katzen an den Tag legen, die Eleganz ihrer Bewegungen, dass sie immer wachsam sind und stolz darauf, alles unter Kontrolle zu haben.

Ich habe mein ganzes Leben lang mit Katzen zusammengelebt, habe ein nahezu körperliches Verlangen nach ihnen. Wenn ich verreise, dauert es nicht lange, bis ich anfange, nach ihnen Ausschau zu halten, als hätte ich einen entsprechenden Radar. Und ich finde immer eine Katze, die irgendwo auf einer Fensterbank sitzt, sich an einer kühlen Steinmauer reibt, sich, unter einem Auto liegend, die Pfoten leckt oder oben von einem Dach die Welt überwacht. Ich glaube, dass die Katzen auch nach mir Ausschau halten, zumindest möchte ich das glauben. Wir Tierfreunde finden an jeder Katze etwas Schönes, und wir können nie ganz aufhören, an sie zu denken.

DAS HAUS MEINER GROSSELTERN
AM RAND DES DORFES.

Valdealgorfa

Landkreis: Bajo Aragón
Provinz: Teruel
Höhe: 510 m
Fläche: 46,75 km²
Bevölkerung: 685 Einwohner
Bevölkerungsdichte: 14,56 Einw./km²
Lage: 40°59'27"N 0°02'07"O
40.990833 - 0,0351437

DER WEG ZUM BUS, DER UNS ZUR
KLOSTERSCHULE IN ALCAÑIZ GEBRACHT HAT.
IM WINTER WAR ES IMMER SEHR KALT UND WINDIG.

Ich bin mit meiner zwei Jahre jüngeren Schwester Marina bei meiner Mutter Fina und ihren Eltern Carmen und Mariano am Ortsrand eines kleinen Dorfes in Teruel aufgewachsen. Wir haben im Haus meiner Großeltern gewohnt, das Wände aus dicken Steinen und dunkle Holzbalken hatte und in dem das Knistern des Feuers und das Knarren des Bodens, wenn man darüber ging, vertraute Geräusche waren. Denn dieses Haus beherbergte viele Leben, zu denen auch jede Menge Tiere gehörten. Ein oder zwei Mal im Monat brachte unsere Nachbarin Pascuala Kaninchen aus ihrem Stall mit, die am nächsten Morgen auf mysteriöse Weise verschwunden waren. Sie endeten im Kochtopf, nachdem mein Großvater sie geschlachtet hatte. Marina und ich brauchten Jahre, bis wir die rätselhafte Abwesenheit unserer Spielkameraden vom Vortag mit dem Essen auf unserem Teller in Verbindung brachten.

WIR HABEN IHNEN NAMEN GEGEBEN, ABER ES WAR UNMÖGLICH, SIE AUSEINANDERZUHALTEN.

Wir hatten sogar mal eine Igelfamilie, die mein Großvater bei der Reparatur eines Daches gefunden und mit nach Hause gebracht hat. Ein anderes Mal hat einer unserer Nachbarn uns eine riesige Schildkröte gebracht, die den Tag mit vielen frischen Salatblättern in der Badewanne verbrachte, bis wir sie wieder in den Sumpf zurückgetragen haben, aus dem sie wohl stammte. Und Marina hat insgesamt sechs kleine Hunde mitgebracht, nachdem sie sie aus ihren Käfigen befreit hatte, weil sie es nicht ertragen konnte, dass sie eingesperrt waren. Das hat sie von unserer Mutter, der es mit Tieren in Gefangenschaft genauso ging. Wenn sie ein Tier geschenkt bekam, ließ sie es immer sofort frei, egal, um welche Spezies es sich handelte. Wir bekamen niemals einen Hamster, obwohl wir gern einen gehabt hätten, weil meine Großmutter eine Nagetier-Phobie hatte, aber dafür gab es immer jede Menge Seidenraupen, und im Sommer haben wir Maulbeerbaumblätter gesammelt, um sie zu füttern. Ich fand die Raupen ekelhaft, Marina hingegen mochte sie so sehr, dass sie sie manchmal auf ihrem Arm spazieren getragen hat.

Als wir in unser Dorf zogen, war ich sieben Jahre alt. Wir hatten die Scheidung meiner Eltern hinter uns und ein paar schwierige Jahre. Und das Haus meiner Großeltern war ein angenehmer und sicherer Zufluchtsort jenseits der komplizierten Welt der Erwachsenen, die wir nicht verstehen konnten. Dort gab es Lobito, einen Can de Chira mit langem dunklem Fell, das kupferfarben schimmerte. Er war meiner Tante Lourdes zugelaufen, aber weil sie bereits eine Hündin hatte, brachte sie ihn zu meinen Großeltern. Lobito war unser Freund und unser Beschützer, der uns jeden Morgen zur Bushaltestelle begleitete, von wo aus wir zur Schule fuhren. Als wir klein waren, hat er immer auf uns aufgepasst.

Meine Großmutter kochte ihm jeden Tag einen Eintopf aus unseren Essensresten, und wenn mal aus Versehen eine Erbse dabei war, hat Lobito alles gefressen bis auf die kleine grüne Kugel, um zu beweisen, dass er einen exquisiten Gaumen, aber auch gute Manieren hat.

Wir streichelten ihn stundenlang und kämmten ihn mit unseren winzigen Puppenbürsten, um ihm anschließend eine Schleife an den Schwanz zu binden. So herausgeputzt begleitete er uns dann bei unseren täglichen Abenteuern auf den Feldern. Zu Hause hat man uns ihm gern überlassen: Er war das einzige Kindermädchen, das wir jemals hatten.

DER CAN DE CHIRA IST EIN HÜTEHUND, DER AUS DER SPANISCHEN REGION ALTO ARAGÓN (HOCHARAGONIEN) STAMMT. DER NAME KOMMT AUS DEM ALTSPANISCHEN UND BEDEUTET „HUND, DER DIE HERDE LENKT".

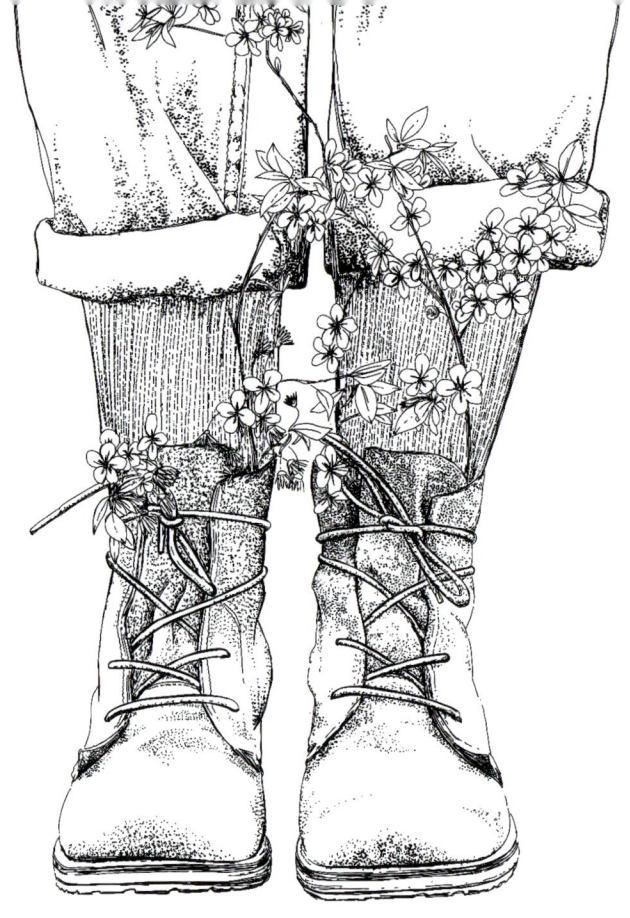

Zu Weihnachten haben wir mal eine *Enzyklopädie der Tiere* geschenkt bekommen, die uns so faszinierte, dass wir uns jeden Tag stundenlang die Zeichnungen anschauten, bis ins kleinste Detail. Marina, die ein hervorragendes Gedächtnis hat, saugte alle Informationen, die mir manchmal gar nicht aufgefallen waren, auf wie ein Schwamm und setzte das gerade Gelernte dann bei ihren Erkundungen auf den Feldern um. Sie beobachtete mit Feuereifer jedes noch so kleine Tier, das ihr über den Weg lief, um es zu analysieren und nach dem, was sie aus der Enzyklopädie gelernt hatte, zu spezifizieren. Manchmal habe ich sie begleitet, war aber danach immer sauer auf sie, weil sie mich über unmögliche, wild überwucherte Wege geführt hat, was immer damit endete, dass unsere Strümpfe voller Dornen und unsere Beine zerkratzt waren und voller Insektenstiche oder Flohbisse. Marina suchte immer irgendwelche Abkürzungen, was nicht ohne Folgen blieb.

Wir spielten beide gern mit Kellerasseln und beobachteten, wie sie sich zusammenrollten, wenn wir sie in die Hand nahmen. Außerdem fingen wir Fliegen, um sie in die kleinen Dosen von Fotofilmen zu stecken und diese zu schütteln, damit ihnen schwindelig wurde. Wir ärgerten Schnecken, indem wir ihre Fühler berührten, waren später aber nicht in der Lage, sie zu essen, wenn meine Großmutter sie mit Fenchel und viel Liebe zubereitete. Sie hat gar nicht gern gesehen, was wir gemacht haben. Für sie waren es Dummheiten, was für jemanden, der in der Zeit nach dem Spanischen Bürgerkrieg aufgewachsen ist, völlig normal war. Denn zu jener Zeit hatten Tiere eine andere Bedeutung und waren nicht nur dafür da, sie liebzuhaben.

„KOMM, KIND, SEI KEINE MEMME UND RED NICHT SO EINEN UNSINN, SONST WIRST DU AUSGELACHT. DIESE SCHNECKEN SCHMECKEN NACH KRÄUTERN UND SCHINKEN, UND MIT IN OLIVENÖL GEBRATENEN ZWIEBELN UND TOMATEN SCHMECKT ALLES GUT."

Doch obwohl sie selbst sehr gern Schnecken aß, hat sie schließlich verstanden, dass wir lieber darauf verzichten wollten.

„MEMME" UND „WEICHEI" WAREN IHRE BEVORZUGTEN SCHIMPFWORTE, UND WIR KONNTEN UNS LANGE NICHT WIRKLICH ETWAS DARUNTER VORSTELLEN.

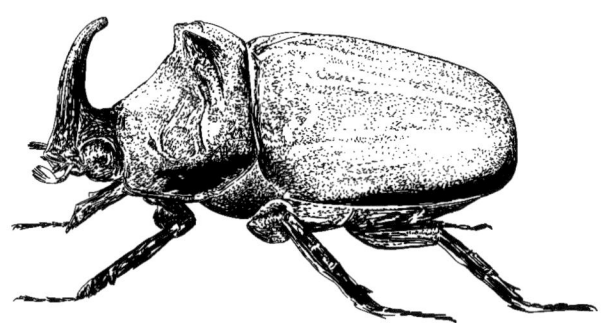

In Bajo Aragón (Niederaragonien) haben wie in vielen ländlichen Regionen die Einwohner eines Ortes oft einen Beinamen, der von irgendwelchen alten – erfundenen oder wirklich passierten – Geschichten herrührt. Im Alltag dienen sie dazu, gewisse Eigenheiten der Leute eines Dorfes zu verdeutlichen. So werden die Einwohner von Alcañiz *semoletes* genannt (spanisch *semola* bedeutet »Grieß«), weil es in diesem Ort traditionell viele Grießmühlen gab; die Einwohner von Valjunquera heißen *cachapos*, weil es dort in den Bergen eine bestimmte Art von sehr kleinen Kaninchen gibt; und die Einwohner von Fórnoles sind die *mussols* in Anspielung an die vielen Uhus, die in dieser Gegend leben.

In meinem Dorf gab es so viele Käfer, dass man uns als *escarbachos* bezeichnete (spanisch *escarabajo* bedeutet »Käfer«). Die am häufigsten vorkommenden schwarzen Käfer fühlen sich in den Kellern der Häuser sehr wohl. Aber in einigen Sommern gab es Plagen von Nashornkäfern, die, verwirrt herumfliegend, vom Licht der Straßenlaternen angezogen wurden. Und auf den Olivenfeldern wütete der Öl-Käfer (spanisch *aceitera*), eine Mischung aus Käfer und Wurm mit roten Streifen. Er sieht gefährlich aus, ist aber für Menschen vollkommen harmlos.

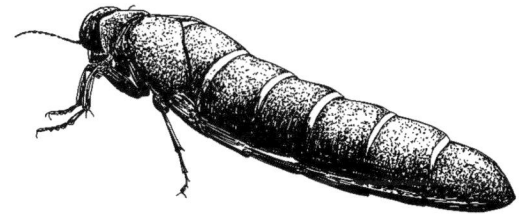

Unser Dorf ist von Oliven- und Mandelbäumen umgeben, und jedes Jahr im Februar, wenn der Nordwind die Baumblüten umherweht, sehen die Straßen wegen der vielen Blütenblätter, die den Boden bedecken, aus, als hätte jemand bei einer Geburtstagsfeier Konfetti gestreut. Und die ganze Luft ist vom Duft nach Honig erfüllt. Ende März ist der Himmel voller Rauchschwalben, Mehlschwalben und Mauersegler. Dann ist es normal, dass die Fassaden unter den Dachvorsprüngen voller Nester sind, wobei nicht alle Vögel Nester bauen: Die Einzelgänger schlafen in einer Höhe von mehreren hundert Metern irgendwo zwischen den Wolken.

Das ganze Jahr über bevölkern Spatzen, Distelfinken, Stare, Grünfinken und viele andere Vögel den Himmel. Und im Sommer ist es wunderschön, zwischen den Mandelbäumen die gelben Pirole und die türkisfarbenen Blauracken zu sehen, die ich besonders mag, weil sie immer paarweise umherfliegen.

Von allen Vögeln war mir der Wellensittich immer der liebste, und meiner Großmutter Carmen, die als Kind einen Wellensittich hatte, ging es genauso. Er hieß Pepa, und sie hat uns oft erzählt, dass er immer mit den Hunden zusammen gefressen hat, bis sie irgendwann ihn gefressen haben. Meine Großmutter war einer von den Menschen, die tausend Mal die gleiche Geschichte erzählen, und die von Pepa hat sie besonders gemocht. Ich habe sie so oft gehört, ohne dass es jemals langweilig wurde, und vor einigen Jahren habe ich mir einen kleinen Wellensittich auf den rechten Arm tätowieren lassen.

Als meine Mutter und meine Tante Lourdes noch Kinder waren, hatten meine Großeltern auch einen Wellensittich im Haus. Er war gelb-grün und hieß Cachito. Mit viel Geduld brachten sie ihm das Sprechen bei, bis er schließlich immer wieder »Ich heiße Cachito« sagte, während er mit seinem Bild im Spiegel schnäbelte. Seine Lieblingsworte waren *mamotrero* (dicker Wälzer), *mequetrefe* (Trottel) und *mamarracho* (Blödsinn), und er war eines jener Tiere, die man ins Herz schließt, ohne sie gekannt zu haben.

Meine Großmutter Carmen erzählte uns immer mit viel Liebe von einem Hund, den sie als Kind hatte, einen San Bernardino mit Namen León, und in meiner Phantasie sah er aus wie der ängstliche Löwe in dem Film *Der Zauberer von Oz*, einschließlich der roten Schleife. Der Vater meiner Großmutter, mein Urgroßvater, der mit seinem Karren von Ort zu Ort zog, um Transportdienste zu erledigen, hatte ihn in Valdeltormo gefunden und ihm ein Stück Brot angeboten, woraufhin sie unzertrennlich wurden. Mein Großvater Mariano konnte auch eine Hundegeschichte zum Besten geben. Mit einem verschmitzten Lächeln erzählte er gern von dem winzigen Chihuahua, den er als Kind hatte und der so klein war, dass er ihn in der Hemdtasche durch die Gegend tragen konnte.

In dem Zimmer, das ich mir mit meiner Schwester teilte, war eine Wand komplett mit schlichten Holzregalen bedeckt, in denen die Bücher standen, die meine Mutter in ihrer Kindheit gelesen hatte, darunter eine Comic-Sammlung mit Asterix-Bänden, die mit den Jahren ziemlich umfangreich geworden war. Natürlich waren auch die Klassiker dabei: *Clever und Smart* (spanisch: *Mortadelo und Filemón*), *Zip & Zap* (spanisch: *Zipi y Zape*) und *Mafalda*, aber auch alle Arten von Enzyklopädien: der Tiere, der Geografie und der Natur sowie Wörterbücher der Synonyme und Antonyme in unterschiedlicher Größe. Ein Buch gefiel mir als Kind besonders gut: Es erzählte die Geschichte einer grauen Katze, die in einem Baum vor einem Haus lebte. Eines Tages während eines Gewitters sah die Katze voraus, dass der Baum umfallen und sie alle unter sich begraben würde, woraufhin sie die Familie warnte, bevor es passierte, sodass alle gerettet wurden. Daraufhin nahm die Familie die Katze zu sich, und sie waren sehr glücklich zusammen.

Die Winter in Teruel waren lang und bitterkalt, sodass man nicht so gern nach draußen ging. Dann war die Bibliothek meiner Mutter unser liebster Zufluchtsort, wo wir uns mit Lesen und Zeichnen die Zeit vertrieben. Meine Kindheitserinnerungen führen mich immer wieder an diesen Ort zurück, der voller Tiere war: den *Glücksbärchis*, *Maple Town*, *In achtzig Tagen um die Welt*, *Mein kleines Pony*, *Heidi*.

Unsere Bilder und Zeichnungen, Filzstifte, Knete, Figuren zum Ausschneiden, Stoffe, Wolle, Schnüre, Pappkisten und Bauklötze: Damit haben wir uns in der langen Winterzeit am liebsten beschäftigt. Wir hatten das Glück, eine Mutter zu haben, der unsere Begeisterung für das Zeichnen und unser Talent fürs plastische Gestalten sofort aufgefallen sind, und sie hat es so weit gefördert, dass Marina und ich später Bildende Kunst studierten.

Die mythischen Zeichnungen von Emilio Freixas ersetzten uns den Zeichenunterricht an einem Ort, wo es dies nicht gab, und diese wunderbare Kuh war die erste Zeichnung, auf die ich wirklich stolz war. Im Sommer sah unser Leben dagegen völlig anders aus, weil das Dorf voller Menschen war und unsere Freundinnen aus der Stadt zu Besuch kamen. Ins Schwimmbad zu gehen war das Beste und Unterhaltsamste, was wir machen konnten. An diesen Tagen haben wir zusammen ferngesehen, Sonnenblumenkerne geknabbert, Eis am Stiel gegessen und Spaziergänge in den kühlen Augustnächten gemacht.

In dieser Zeit entdeckte ich auch meine Liebe zu Katzen. Unseren schwarz-weißer Kater Chui, den uns eine Nachbarin geschenkt hatte, hatten wir zusammen in einem Gehege außerhalb des Dorfes ausgesucht. Er fiel uns auf, weil er der Einzige mit geschecktem Fell war. Marina nennt diese Katzen »Kuhkatzen«, weil die Farbe des Fells und die Form der schwarzen Flecken sie wie kleine Kühe aussehen lassen. Chui lebte viele Jahre mit uns zusammen. Er war der König der Garage. Im Haus meiner Großeltern durften die Tiere nicht in die Wohnräume, außer wenn wir so sehr bettelten, dass meine Großmutter Carmen schließlich nachgab. Und wenn sie wollte, dass wir die Tiere wieder in die Garage brachten, sagte sie mit gerunzelter Stirn und strengem Ton:

„TIERE MÜSSEN WIE TIERE BEHANDELT WERDEN UND NICHT WIE MENSCHEN."

An diesen Satz muss ich mit einer gewissen Ironie jedes Mal denken, wenn ich Menschen mit Tierköpfen oder Tiere mit Menschenköpfen zeichne. Das ist etwas, was mich schon als Kind beschäftigt hat: an Menschen tierische Züge zu entdecken.

Unter unseren Kuscheltieren gab es auch eine schwarze Stoffkatze, und eines Tages, als unsere Mutter die Betten machte, ist die Katze heruntergefallen, ohne dass sie es bemerkte. Sie blieb dort in einer Ecke unter dem Bett liegen, bis mein Großvater Tage später dort sauber machte und das Kuscheltier zunächst für eine Ratte hielt. Das war der Tag, an dem Chui feierlich in den Wohnbereich umziehen durfte.

Mit der Zeit bin ich ein großer Katzenfan geworden. Schon damals habe ich es geliebt, Katzen zu streicheln und mit ihnen zu kuscheln. Einmal habe ich mir bei einer Straßenkatze einen Hautpilz geholt, weil ich ihr mit dem Gesicht zu nahe gekommen bin. Sie war so zutraulich, dass ich nicht aufhören konnte, mit ihr zu schmusen, und ein paar Tage später brannte es in meiner Mundhöhle ganz fürchterlich, und um den Mund herum löste sich die Haut. Alle schimpften mit mir, weil ich ein Tier von der Straße zu nah an mich herangelassen hatte. Damals lernte ich, dass Tiere, die kein Zuhause haben, oft nicht gesund und nicht so gut gepflegt sind wie unsere eigenen.

Im Alter von sechzehn Jahren zog ich nach Teruel, um eine Schule mit künstlerischem Schwerpunkt zu besuchen. Dafür verließ ich zum ersten Mal mein Zuhause und gab das tägliche Zusammensein mit unseren Tieren auf, um das Leben in der Stadt zu entdecken.

Die Zeit vor dem Abitur und während meines Studiums in Altea war die einzige, in der ich nicht mit Katzen zusammengelebt habe, weil in den Zimmern, die ich gemietet hatte, keine Tiere erlaubt waren. In den fünf Jahren meiner Ausbildung habe ich in fünf verschiedenen Häusern gewohnt, und in allen musste ich mich nach der verdammten Klausel 7 richten: »In Anwendung des Städtischen Mietrechts untersagt der Eigentümer dem Mieter ausdrücklich, in der gemieteten Wohnung irgendein Haustier zu halten. Bei Zuwiderhandlung gilt dies als ausreichender Grund, den Mietvertrag entsprechend Artikel 27.1 fristlos zu kündigen.«

Um diese Zeit zu überstehen, habe ich immer mal wieder bei der ein oder anderen Straßenkatze um Zärtlichkeit gebettelt und ihr etwas zu fressen gegeben. Damals beschloss ich, dass ich nach dem Studium in eine andere Stadt ziehen wollte, damit meiner Katzenliebe nichts mehr im Weg stehen würde.

Das Verbot der Klausel 7 weckte in mir das Bedürfnis, in allen Kunstwerken, mit denen ich mich im Laufe meines Studiums der Kunstgeschichte beschäftigte, nach Spuren von Katzen zu suchen. Ich kam zu dem Schluss, dass schon vor Jahrhunderten Künstler von Katzen fasziniert waren und von ihnen inspiriert wurden – und das in allen Teilen der Welt: vom alten Ägypten, wo Katzen als Verkörperung des Göttlichen angesehen wurden, bis in die heutige Zeit, in der viele einfache Leute wie ich Katzen anbeten, als wäre dies tatsächlich der Fall.

Zu keiner Zeit wurden Katzen so oft abgebildet wie bei den alten Ägyptern, die diese Tiere auf Gräbern und Sarkophagen dargestellt haben, als Reliefskulpturen oder in Form von Zeichnungen auf Papyrus oder dekorativen Objekten. Im antiken Griechenland dagegen waren Katzen im täglichen Leben und in der Kunst praktisch nicht vorhanden. Es stimmt zwar, dass die Griechen ihre Göttin Artemis mit der ägyptischen Göttin Bastet gleichsetzten und damit auch mit den Katzen, aber sich eine Katze als Haustier zu halten war in Griechenland damals genauso außergewöhnlich, wie heute einen Panther im Haus zu haben. (Später hat auch der römische Dichter Ovid in seinen *Metamorphosen* geschrieben, dass sich die Göttin Diana – die römische Entsprechung der Göttin Artemis –, als die Götter nach Ägypten flohen und tierische Gestalt annahmen, in eine Katze verwandelte.)

Und dabei blieb es bis zum fünften Jahrhundert vor Christus: Aus dieser Zeit stammen die Münzen, auf denen dargestellt ist, wie Iokastos und Phalanthos, die Gründer der griechischen Städte Rhegion und Tarent, mit ihren Katzen spielen, und auch ein Relief auf einem Grabmal in Athen, das den Verstorbenen zusammen mit einer anderen Person, einem Vogel und einer Katze zeigt. Im alten Rom waren Katzen bereits übliche Hausgenossen, was sich auch in der Kunst niederschlug. Zum Beispiel in einem Mosaik aus dem ersten Jahrhundert nach Christus im Haus des Fauns, einem der beeindruckendsten Gebäude in Pompeji, auf dem das unzerstörte Bild einer goldfarbenen Tigerkatze zu sehen ist, die ein Rebhuhn im Maul trägt.

Bewundert für ihre Fähigkeit, auf Beute zu lauern und zu jagen (ihr Beitrag zur Eindämmung von Plagen), werden Katzen schon seit Jahrtausenden in China als Haustiere gehalten. Chinesische Maler und Kalligrafen wählen sie wegen ihrer weichen Silhouette und den runden Konturen gern als Modell, sodass sie auf vielen Kunstwerken zu sehen sind, während sie das tun, was sie am besten können: kleine Tiere jagen, Häuser und ihre Umgebung erkunden und sich zum Schlafen zusammenrollen. Genau wie bei den chinesischen Kunstwerken sind Katzen auch auf japanischen Holzschnitten oder den *ukiyo-e* (»Bilder der fließenden Welt«) meistens in ihrer häuslichen Umgebung dargestellt, allerdings sind sie oft auch bekleidet und agieren mit menschlichem Verhalten.

Japan ist eines der Länder, in denen Katzen am meisten verehrt werden, und man ist dort der Überzeugung, dass sogar Bilder von Katzen Glück bringen. Der Legende nach hat einmal eine Katze vor einem Großgrundbesitzer die Pfote gehoben, dem dies so gut gefiel, dass er auf die Katze zuging. Sekunden später schlug an der Stelle, an der er vorher gestanden hatte, der Blitz ein, und der Mann schrieb dieses Glück der Katze zu. Die Figur des Maneki-neko, der dicken winkenden Glückskatze, darf in Japan in keinem Geschäft fehlen: Mit der erhobenen, sich bewegenden Pfote lockt sie die Käufer an oder ruft das Glück für ihren Besitzer herbei.

Eine der berühmtesten Geschichten in der muslimischen Tradition handelt von der Katze Muezza, der Lieblingskatze des Propheten Mohammed. Eines Tages, als Mohammed den Ruf zum täglichen Morgengebet hörte, wollte er sich eine seiner Tuniken anziehen, auf deren Ärmel jedoch gerade die Katze schlief. Anstatt sie zu wecken, schnitt der Prophet den Ärmel ab und ließ die Katze schlafen.

Im frühen Mittelalter wurde vieles, was die Göttin Artemis mit Katzen in Verbindung brachte, auf die Jungfrau Maria übertragen. Auf vielen Ikonen, die die Verkündigung des Herrn oder die Heilige Familie zeigen, sind auch Katzen zu sehen, und dem römischen Volksglauben zufolge kam in der Nacht, in der Maria Jesus geboren hat, in Betlehem auch eine kleine Katze zur Welt. Im späteren Mittelalter setzte sich in Europa jedoch der Irrglaube durch, der einigen Frauen und Katzen einen Bund mit Satan unterstellte, was in der westlichen Welt bis heute noch vorkommt.

In Russland dagegen gelten Katzen seit Jahrhunderten als Glücksbringer. Sie sind die einzigen Tiere, die in den Kirchen der orthodoxen Christen erlaubt sind, und nicht selten sind sie auch in Klöstern zu finden. Außerdem sind sie die verwöhntesten Hausherren in der Eremitage in Sankt Petersburg. Dort leben unter mehr als drei Millionen Kunstwerken von Velázquez, Rubens, Gauguin, da Vinci, Rembrandt oder Picasso die beständigsten Bewohner des Gebäudes: etwa siebzig Katzen – die Nachkommen derjenigen, die Zarin Katharina die Große im Jahr 1764 in den Palast kommen ließ, um eine Rattenplage in der Stadt zu bekämpfen. Seitdem und unbeeindruckt von der Revolution von 1917, dem Kommunismus, dem Fall der Mauer und dem Ende der Sowjetunion, fühlen sie sich dort pudelwohl, und es heißt, dass sie beliebter sind als die berühmtesten Künstler.

Leonardo da Vinci, dem der Satz »Selbst die kleinste Katze ist ein Meisterwerk« zugeschrieben wird, war einer ihrer ersten großen Bewunderer. Skizzen von Tieren ermöglichten ihm, den physischen Ausdruck von Gefühlen zu studieren, wie man zum Beispiel in *Katzen, Löwen und Drachen* (1513) sehen kann, wo die Bewegungen der Tiere verglichen werden.

Der Niederländer Hieronymus Bosch malte ebenfalls Adam und Eva zusammen mit einer Katze auf dem linken Flügel seines Tryptichons mit dem Titel *Der Garten Eden* (zwischen 1490 und 1504). Diese trägt eine Beute im Maul und lässt scheinbar völlig sorglos und unschuldig wie der Mann und die Frau vor dem Sündenfall eine Schar Vögel hinter sich. Auf der Mitteltafel *Der Garten der Lüste*, die dem Tryptichon den Namen gab, ist eine genauer stilisierte, kräftigere Katze zu sehen, die eine Gruppe von Männern und Frauen auf dem Rücken in die ewige Verdammnis trägt. Auf dem rechten Flügel mit dem Titel *Die Hölle* ist die Katze dagegen eine diabolische Erscheinung, die eines der Dinge tut, was Katzen am besten können: Lärm machen – wobei diese Katze nicht miaut, sondern eine Trommel schlägt.

Auf dem Kupferstich *Adam und Eva* (1504) des deutschen Renaissancekünstlers Albrecht Dürer sind vier Tiere dargestellt, welche die Charaktereigenschaften des Menschen symbolisieren, die zutage treten, wenn er die Unschuld verliert: eine jagende Katze als Bild für die Grausamkeit, ein Kaninchen für die Sinnlichkeit, ein Elch für die Melancholie und ein Ochse für die Lethargie. Alles befindet sich im perfekten Gleichgewicht, bevor die Menschen die Erbsünde begehen.

Auf dem Bild *Die Verkündigung* von dem Venezianer Lorenzo Lotto (1534) erscheint der Erzengel Gabriel einer bescheidenen Frau – Maria –, um ihr mitzuteilen, dass sie einen Sohn haben wird. In der Mitte des Gemäldes ist eine Katze mit krausem Fell zu sehen, die fauchend die Flucht ergreift. Glaubt man der üblichen Symbolik, dann scheint Lotto andeuten zu wollen, dass die Katze der eigentliche Protagonist der Szene ist.

Auch auf den Bildern einer weiteren flämischen Malerin spielen Katzen eine wichtige Rolle. Clara Peeters ist berühmt für ihre Stillleben, einer Kunstgattung, bei der reglose Objekte (Tiere, Blumen, Früchte und Gegenstände aller Art) dargestellt werden.

Ähnlich wie Hieronymus Bosch illustrierte auch Pieter Brueghel in seinem Werk *Flämische Sprüche* (1559) absurde, lächerliche und fehlerhafte Aspekte des Menschen in der Zeit, in der er lebte. Auf einer der Darstellungen ist der Versuch zu sehen, einer Katze eine Glocke umzubinden, also das Wagnis, etwas Schwieriges und manchmal Gefährliches zu tun.

Schon zur Zeit des Barocks wurde auf dem Bild *Die Familie von El Greco* (etwa 1605) der Katze so viel Vertrauen entgegengebracht, dass sie zu den Mitgliedern der Familie zählte.

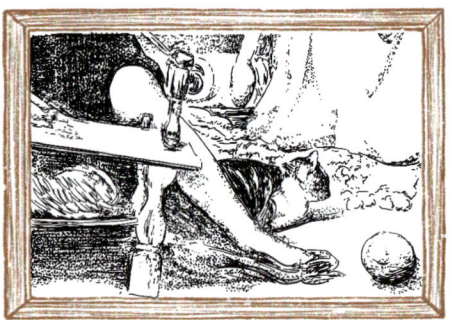

Diego Velázquez fügte eine Katze in den Mittelpunkt eines seiner berühmtesten Gemälde ein, *Die Spinnerinnen* oder *Die Sage der Arachne* (1657), auf dem fünf Spinnerinnen im Halbdunkel arbeiten. Eine von ihnen wirkt älter als die anderen und hat ihr Gesicht mit einem Schleier verdeckt; zu ihren Füßen ruht eine Tigerkatze, die den Aktivitäten um sie herum keine Bedeutung beizumessen scheint. Es handelt sich um ein Haustier, verleiht dem Bild aber auch eine gewisse Spannung.

Im achtzehnten Jahrhundert gehörten Katzen bereits zum täglichen häuslichen Leben, was zum Beispiel im Werk von Francisco de Goya zu sehen ist. Auf dem Gemälde *Gato acosado* (um 1788), auf dem zwei Männer und ein Hund versuchen, eine Katze von einem Baum herunterzulocken, fällt dieser eindeutig die Hauptrolle zu. Ein Gemälde, auf dem ausschließlich Tiere zu sehen sind, wie bei *Katzen kämpfen* (1786), war in dieser Zeit ausgesprochen selten. Auf dem berühmten Bild *Der Schlaf der Vernunft gebiert Ungeheuer* (1799) wirkt die Katze, die in einer Ecke liegt und die Szene beobachtet, leicht perplex. Die drei Katzen dagegen, die auf Goyas Werk *Don Manuel Osorio Manrique de Zúñiga* aus dem Jahr 1788 zu sehen sind, besser bekannt unter dem Titel *Der rote Junge*, scheinen kurz davor, in Aktion zu treten. Auf dem Bild ist der jüngste Sohn des Grafen von Altamira dargestellt, der mit leicht abwesendem Gesichtsausdruck unter dem aufmerksamen Blick der Katzen mit einer Krähe spielt.

Im neunzehnten Jahrhundert kamen die Katzen aus den Ecken der Wohnungen hervor und rückten in den Mittelpunkt der künstlerischen Szenerie. Von dem Engländer Frank Paton in *Sommerquartier* (1880), der vor allem als Maler der Haustiere der damaligen industriellen und kommerziellen Bourgeoisie bekannt ist, bis hin zu den französischen Impressionisten. So malte Auguste Renoir immer wieder Katzen: *Junge mit Katze* (1868), *Schlafendes Mädchen mit Katze* (1880), *Frau mit Katze* (1875), aber auch Edouard Manet zum Beispiel in *Das Rendezvous der Katzen* (1868), auf dem eine schwarze und eine weiße Katze sich ohne die Anwesenheit von Menschen auf einem Dach treffen. In der einsamen Szenerie Vincent van Goghs in *Der Garten von Daubigny* (1890) ist eine schwarze Katze zu sehen, die diesen Garten durchquert, und Paul Gauguin stellte auf mehreren Bildern, die er auf Tahiti malte, dar, wie dort Katzen mit Frauen, Kindern, Paaren und Blumen zusammenleben. Auch bei den Avantgardisten Ende des neunzehnten Jahrhunderts durften Katzen nicht fehlen. So sind sie neben den Cancan-Tänzerinnen und den Cafés auf den Plakaten der Belle Époque zu finden und wurden schließlich zu Ikonen der Zeit wie in *Chat Noir* (1896) von Théophile-Alexandre Steinlen und in den Bildern, die Henri de Toulouse-Lautrec von May Belfort und ihrer anhänglichen kleinen schwarzen Katze malte.

Minou war eine Straßenkatze auf dem Montmartre, die Pablo Picasso während seiner blauen Periode in den ersten Jahren des zwanzigsten Jahrhunderts bei sich aufnahm, als er noch nicht von seinen Bildern leben konnte und kaum etwas zu essen hatte. Er verdiente so wenig Geld mit seiner Kunst, dass er Minou schließlich wieder auf der Straße aussetzte, weil er sie nicht ernähren konnte. Doch die kleine Katze kehrte mit einer Wurst zu ihm zurück, um diesen Leckerbissen mit ihm zu teilen. Angeblich wandelte sich daraufhin Picassos Schicksal, da er durch die Katze Leute kennenlernte, die ihn zu seiner rosa Periode und den Anfängen des Kubismus inspirierten, und sein Leben veränderte sich zum Guten. Seine Liebe zu Katzen verarbeitete er auch später noch in vielen seiner Gemälde, sowohl in politischen wie *Katze, die einen Vogel frisst* (1939), einer Allegorie auf den Spanischen Bürgerkrieg, der gerade zu Ende gegangen war, als auch in sehr privaten wie *Jacqueline sitzend mit einer Katze* (1964).

Paul Klee, Gustav Klimt, Amadeo Modigliani, Henri Matisse, Pierre Bonnard, Carl Kahler, Marc Chagall, Frida Kahlo: Die Liste der modernen Künstler, die ihre eigenen und fremde Katzen in den ersten Jahrzehnten des zwanzigsten Jahrhunderts liebten und malten, ist unendlich lang. Joan Miró schuf mindestens zehn Bilder, auf denen Katzen im Mittelpunkt stehen, wovon das wahrscheinlich erste, *Die Bäuerin* (1922), von der Frau inspiriert war, die auf dem Hof seiner Familie in Mont-roig del Camp arbeitete: Die Katze sitzt wie jede gute Katze vor dem Ofen und schaut den Maler an. Diese ernste Katze hat nur wenig mit den anderen Katzen gemein, die wenige Jahre später auf dem Gemälde *Karneval des Harlekins* (1925) zu sehen sind. Die spielen mit einem Wollknäuel und sind, wie Miró selbst erklärte, »als geräucherte Harlekine verkleidet, die sich in mir drehen und mir in den Bauch stechen.«

Eines der extravagantesten Bilder des stets extravaganten Salvador Dalí ist *Dali Atomicus* (1948) nach der Idee des Fotografen Philippe Halsman, der den Maler in der Bewegung fotografieren wollte und keine bessere Idee hatte, als ihn mit Katzen zusammenzubringen. Laut Halsman musste die Aufnahme achtundzwanzigmal wiederholt werden, wobei achtundzwanzig Eimer Wasser, achtundzwanzig Gelatineplatten, um das Foto zu drucken, und achtundzwanzig Katzen gebraucht wurden: »Sechs Stunden und achtundzwanzig Würfe später befriedigte das Resultat mein Streben nach Perfektion. Meine Assistenten und ich waren nass, schmutzig und der Erschöpfung nahe, nur die Katzen sahen aus wie neu.«

Andy Warhol (1928–1987) war in den 1950er Jahren ein junger, noch nicht sehr bekannter Künstler und lebte mit seiner Mutter und einer Siamkatze namens Hester, ein Geschenk der Schauspielerin Gloria Swanson, in einer Wohnung in der Lexington Avenue. Eines Tages kam Sam dazu, der zusammen mit Hester mehrere Würfe kleiner Katzen in die Welt setzte, die zu Ehren des Patriarchen alle den Namen Sam erhielten. Im Jahr 1954 brachten Mutter und Sohn gemeinsam ein Buch in limitierter Auflage heraus, das Darstellungen von sechzehn ihrer Katzen enthielt, die alle von Warhol illustriert worden waren und von seinen Freunden in bunten Lithografien reproduziert wurden. 1957, als die Katzenmutter starb, veröffentlichten Andy und seine Mutter eine Fortsetzung über Hesters Abenteuer im Himmel. Auch in den darauffolgenden Jahren, als Warhol bereits eine Berühmtheit war, spielten Katzen in seinem Leben und Werk eine herausragende Rolle. In seinem Studio Factory lebten zwei Katzen namens Black Lace und White Pussy, und in den 1970er Jahren fertigte Warhol eine Fotoserie von Katzen und Hunden an, zu denen eine kleine schwarz-weiße Katze namens Broadway zählte. In den letzten Jahren seines Lebens wohnte Warhol wie ein echter *crazy-cat-lover* umgeben von Katzen und Hunden in einem fünfstöckigen Gebäude.

Die riesige dicke Katze, die ganz Barcelona durchwanderte und schließlich in der Rambla del Raval, umgeben von Bäumen, von der Sonne und Menschen, die sie streicheln, ihr Zuhause fand, ist nicht die Einzige des Bildhauers Fernando Botero (Medellín 1932). Drei andere, die genauso kräftig sind wie sie, sind in anderen Teilen der Welt anzutreffen, zum Beispiel in Jerewan (Armenien), der Park Avenue (New York) und Medellín (Kolumbien). Keine von ihnen wiegt weniger als eine Tonne. Echte Schwergewichte, diese Katzen.

Der Zeichner Edward Gorey (1925-2000) dagegen bevorzugte die Ausdrucksstärke und die Eleganz der Katzen und stellte sie als Tänzer dar, zum Beispiel in seiner illustrierten Version eines der berühmtesten Texte über Katzen, des *Old Possum's Book of Practical Cats* des Dichters T. S. Eliot. Auf diese Eleganz griff Eliot auch zurück, um die Natur der Katzen zu beschreiben: »Menschen sind zu gefällig und selbstsicher. Aber ich habe die meiste Zeit meines Lebens mit Katzen zusammengelebt und weiß, dass es möglich ist, die Welt auf andere Art zu sehen und zu erleben.«

Als das vorletzte Jahr meines Studiums begann, zog ich wieder mit Marina zusammen, und während ich die Klausel Nummer 7 brav einhielt, scherte meine Schwester sich kein bisschen darum. So kam es, dass ich, anstatt die Katzen in der Kunstgeschichte zu studieren, wieder mit einem Tier zusammenlebte, und zwar mit einer betagten Yorkshire-Terrier-Dame namens Gina, die eingeschläfert werden sollte, weil ihr Frauchen gestorben war und sie keine Bleibe mehr hatte. Marina und ich besserten beide unsere Stipendien mit abendlichen Teilzeitjobs auf: Ich entwarf Schallplatten-Cover sowie Auto- und Motorradaufkleber für die harten Kerle in der Umgebung und arbeitete als Kellnerin in einer Bar, und Marina verbrachte die Nächte am Ort ihrer Träume: einer Tierklinik. Dort adoptierte sie Gina und wurde später zu einer Art Schutzengel der Tiere, bis sie in ihrer Wohnung schließlich zwei Hunde, drei Katzen, fünf Schildkröten, mehrere Fische in einem Aquarium und sieben Zwergpapageien hielt, die im Wohnzimmer frei herumflogen.

Als ich mit dreiundzwanzig Jahren mein Studium beendet hatte, zog ich mit meinem damaligen Freund Nacho nach Barcelona. Kaum dass wir in unserer neuen Wohnung angekommen waren, wurde der Wunsch nach einer Katze übermächtig, ja, nahezu lebensnotwendig. Die Katze meiner Tante Lourdes hatte gerade drei kleine Katzenbabys geworfen, was mir als ein Zeichen des Himmels erschien. Bei der Wahl zwischen der kleinen Katze mit dem orangefarbenen Fell, der zimtfarbenen und der weißen entschied ich mich für die, die mir am unternehmungslustigsten schien oder wie man in Aragonien sagt: *tenía rasmia*. Mit anderen Worten: die munterste. Alle drei Kätzchen lagen eng aneinandergeschmiegt in einem Korb, aber als sie uns kommen sahen und die kleine weiße Katze mich mit ihren ungewöhnlich blauen Augen direkt ansah, war es, als ahnte sie, dass wir von diesem Moment an unsere Zeit zusammen verbringen würden. Sie war so klein, dass sie in mein Brillenetui passte, und es erfüllte mich mit einem Gefühl tiefster Zärtlichkeit, ein so zerbrechliches kleines Wesen in den Händen zu halten. Schon damals wusste ich, dass wir uns nie mehr trennen würden.

Ich nannte die Katze, die, wie sich herausstellte, ein kleiner Kater war, *Oye* – Hör mal –, damit die Chance, dass sie mich beachtete, wenn ich ihren Namen sagte, so groß wie möglich war. Aber mir war schon klar, dass sich dieser Wunsch wahrscheinlich nicht erfüllen würde. Die meisten Katzen haben zwar ein extrem feines Gehör, doch wenn sie keine Lust haben, können sie eine äußerst selektive Taubheit entwickeln und richten ihre Aufmerksamkeit nur auf das, was sie interessiert. Es ist durchaus möglich, dass sie hören, wenn drei Zimmer weiter eine Dose Thunfisch geöffnet wird, aber ebenso gut können sie einen einfach ignorieren, wenn man zehn Zentimeter vor ihnen steht.

Oye war ein kleines weißes Fellbündel mit auffälligen
Augen von einer wunderschönen intensiven blauen Farbe,
und seine Neugier hatte den kleinen Kater offenbar dazu
verleitet, irgendeinen staubigen Winkel zu erkunden und
sich dabei schmutzig zu machen, denn sein Schnäuzchen und die
Pfoten waren dunkelgrau, während er sonst ganz weiß war. Deswegen
hat es eine Weile gedauert, bis wir gemerkt haben, dass Oye eine

Siamkatze war. Es ist erstaunlich, dass die Rassen bei Katzen Generationen überspringen können, wahrscheinlich auf ähnlich unerklärliche Weise, wie es bei genetischen Merkmalen von uns Menschen der Fall ist: So habe ich das gleiche Muttermal auf der Wange wie meine Mutter und meine Urgroßmutter, aber meine Großmutter und meine Schwester haben keines.

Oyes Großmutter war eine Siamkatze namens Misha. Daher kam wohl auch das Gen, das ihr Enkel geerbt hatte. Misha war wunderschön, aber sie schielte ganz fürchterlich, und ich habe mich immer darüber amüsiert, dass meine Tante stets energisch darauf bestand, dass Mishas Augen ganz normal seien, was ein schönes Beispiel dafür ist, dass Liebe blind macht. Oyes Mutter hingegen war eine Schildpatt-Katze, die ich vor Jahren fast zu mir genommen hätte, was damals die verdammte Klausel 7 verhinderte. Meine Tante hatte sie Laurita genannt, und dadurch, dass ich nun eins ihrer Kinder aufnahm, konnte ich das schlechte Gewissen, das ich immer noch hatte, beruhigen.

DIE SONNE

Die Freude, die dieses Katzenbaby in mein Leben brachte, war unermesslich, aber es war auch ganz schön anstrengend. Ich brauchte ein paar Tage, um etwas zu akzeptieren, was ich eigentlich schon wusste – nämlich, dass der Schlafrhythmus von Katzen dem von uns Menschen genau entgegengesetzt ist. Katzen sind nachtaktiv, tagsüber schlafen sie. Und Oye verwandelte sich pünktlich um Mitternacht in einen kleinen Teufel, der mir von Anfang an meinen Schlaf raubte, weil er die ganze Zeit spielen wollte, in der Wohnung umhersprang und unaufhörlich miaute, als wäre es gerade Tag geworden. Schließlich war ich völlig verzweifelt und wusste nicht mehr, was ich tun sollte.

DER MOND

Meine Unwissenheit darüber, was es bedeutete, ein kleines Kätzchen im Haus zu haben, und die mangelnde Vorbereitung darauf, waren gleichermaßen überwältigend, und die Verantwortung, die dies mit sich brachte, wog schwerer, als ich erwartet hatte. Denn letztendlich war es das erste Mal, dass ich ein kleines Wesen aufzog, das vollkommen von mir abhängig war. Ich habe keine Kinder, aber ich bin sicher, dass dieses Gefühlschaos aus Euphorie und Erschöpfung, das Eltern empfinden, dem meinen sehr ähnlich ist. Die Art und Weise, wie man mit einem Katzenbaby umgeht, hat Einfluss auf seinen späteren Charakter und auch auf seine Fähigkeit, sich in eine Familie einzufügen. Das habe ich damals von Oye gelernt und konnte es während unserer gemeinsamen Jahre immer wieder feststellen.

TIPPS
FÜR DIE AUFNAHME EINES KATZENBABYS

- Vorzugsweise sollte das Kätzchen mindestens 45 bis 60 Tage alt sein, bevor es von seiner Mutter und seinen Geschwistern getrennt wird. Denn sie sind seine Vorbilder und Spielkameraden, bei denen es das richtige Verhalten in Sachen Hygiene und im täglichen Zusammenleben lernt, was wir Menschen den kleinen Tieren nicht beibringen können.

- Die kleinen Katzen lernen, indem sie sich Dinge bei ihrer Mutter abschauen und sie dann selbst ausprobieren. Und weil sie extrem schlau sind, versuchen sie, das Verhalten ihrer Mutter so zu imitieren, dass sie es als angenehm empfinden und dann sehr zufrieden sind (nur sie, nicht wir).

- Katzen sind nachtaktiv, aber nicht aus einer Laune heraus, es ist der ihnen angeborene Biorhythmus. Um zu bewirken, dass sie möglichst in der Nacht schlafen, ist es wichtig, sie am Tag körperlich zu beschäftigen und vor dem Schlafengehen mit Spielen zu ermüden. Und wenn sie in der Nacht herumstreifen oder miauen, darf man sie nicht beachten – auch wenn das oft so gut wie unmöglich ist –, weil sie das dann als Spiel oder als positive Reaktion auf ihre Aufforderung interpretieren. (Dies natürlich nur, wenn man sich sicher sein kann, dass der Grund ihres Miauens nicht Schmerz oder Unwohlsein ist.)

- Wenn die kleinen Katzen anderthalb Monate alt sind, können sie bereits eine Katzentoilette benutzen, weil sie es von ihrer Mutter gelernt haben. Und wenn das nicht der Fall ist, reicht es, sie immer wieder in den Sand zu setzen, vor allem nach dem Fressen, bis sie es von selbst tun. Früher oder später machen sie dann instinktiv, was sie sollen: Sie verscharren die Fäkalien im Sand, um vor einem möglichen Angreifer ihren Geruch zu verbergen.

- Es ist wichtig, dass kleine Katzen lernen, wo sie kratzen dürfen und wo nicht, bevor ihre Zähne und ihre Krallen voll ausgebildet sind. Damit sie uns nicht in die Hände oder Füße beißen oder die Möbel zerkratzen, muss man ihnen rechtzeitig Spielsachen oder Kratzbäume anbieten, an denen sie sich austoben und lernen können, ihre Krallen zu wetzen, was ihnen in der Natur liegt.

Eine der sonderbarsten Eigenheiten von Siamkatzen ist, dass sie im Laufe ihres Lebens ihr Fell verandern. Wenn sie geboren werden, sind sie beinahe vollkommen weiß, so, als wären sie Albinos, abgesehen von ein paar grauen Stellen, die sich dort befinden, wo der Körper am kältesten ist: an der Schnauze, dem Schwanz und den Pfoten. Mit den Jahren wird dieses schneeweiße Fell dunkelbraun, und das Grau wird schwarz. Die Farben verändern sich kontinuierlich, und daran kann man auch das Alter einer Siamkatze erkennen, genauso wie an unserem Haar, das mit der Zeit weiß wird.

Vor ein paar Jahren bin ich auf die erste in Europa angefertigte Zeichnung einer Siamkatze gestoßen: einen Kupferstich aus dem Jahr 1793, den der preußische Zoologe und Botaniker Peter Simon Pallas (1741–1811) angefertigt hat. Pallas verbrachte einen großen Teil seines Lebens in Russland, um das Land auf der Suche nach neuen Tieren und Pflanzen zu bereisen und zu erforschen.

Sein Hauptwerk ist die *Zoographia Rosso-Asiatica*, eine ausführliche Studie der russischen Fauna, doch sein nachhaltigstes Erbe ist wohl, dass sehr viele Tiere seinen Namen tragen, zum Beispiel Vögel wie der leuchtend gelbe Pallas Blatt-Laubsänger. Der kommt im Süden Sibiriens und im Norden der Mongolei und Chinas vor und fliegt in manchen Fällen mehr als fünftausend Kilometer bis nach Westeuropa. Oder das Pallas'sche Steppenhuhn, eine Art orangefarbene Taube, die möglicherweise der entspricht, die Marco Polo in seinen Reiseerinnerungen unter dem Namen Bargherlac erwähnt. Es ist nicht bekannt, ob Pallas sich der Tatsache bewusst war, dass es sich um Tierarten handelte, die zuvor noch kein Mensch gesehen hatte, doch die Berichte und die Illustrationen, die er dazu anfertigte, ermöglichten eine erste wissenschaftliche Erfassung dieser Tiere. Unter diesen Zeichnungen gibt es auch die einer Katze mit rundlichen Körperformen und extrem kurzen dunklen Ohren. Alles weist darauf hin, dass es sich um eine Siamkatze handelt. Der preußische Zoologe war der erste Mensch, der eine detaillierte Beschreibung dieses rätselhaften Tiers veröffentlichte, das heute auch unter dem Namen Pallaskatze (Otocolobus manul) bekannt ist und dem er in seinem Werk *Reise durch die südlichen Provinzen des russischen Reichs* (1793–94) besondere Aufmerksamkeit widmet:

»Als sehr merkwürdig fiel mir hier eine Bastart oder Spielart der gemeinen Hauskatzen auf. Es sind davon drey ganz ähnliche, von einer schwarzen Katze, auf einem, dem Herrn Staatsrath Iegor Michailowitsch Shedrinskoi gehörigen Dorfe, Nikolskoi […] geworfen worden. Die Katze befand sich auf dem adeligen Hofe einzeln, und hielt sich gern in dem hinter einem dort angelegten Englischen Garten befindlichen jungen Forste auf. Man wollte bemerkt haben, daß sie während der Brunft abwesend gewesen war. Kurz, sie warf drey Junge […], wovon ich gegenwärtig zwey im Hause des Collegenraths Martynof und eine bey dem Herrn Statthalter sah […] Die Gestalt, und am meisten die Beschaffenheit und Farbe des Haares, zeigte an diesen Katzen etwas Außerordentliches. Sie sind von mittelmäßiger Größe, haben etwas dünnere Beine, als gemeine Katzen, auch scheint der Kopf etwas gegen die Schnauze verlängert zu seyn. Der Schwanz hält drey Kopflängen. Die Farbe ist am ganzen Körper die einfarbige, lichtnußbraune Marderfarbe, am Rücken etwas Schwärzlicher, sonderlich am Kater, unten blässer […] Sanft ist das ganze Betragen, Geruch und alles von einer Katze; alle aber sind anfänglich sehr wild gewesen, haben sich in Kellern und Höhlen verkrochen, ja selbst eingegraben, und hatten auch jetzt noch nicht das Gesellige einer zahmen Hauskatze. Ich lasse es dahin gestellt seyn, ob man sie für eine Bastarderzeugung zu halten hat?«

Die Siamkatze ist eine der ältesten nachgewiesenen Katzenrassen, und ihr Name kommt von dem ehemaligen Königreich Siam (dem heutigen Thailand, wobei man die Siamkatze aber nicht mit der verwandten Rasse »Thaikatze« verwechseln darf). Dort waren die Siamkatzen dem Königshaus vorbehalten und als Tempelwächter oder Maskottchen bekannt. Die erste Erwähnung einer Siamkatze findet sich in einer Sammlung antiker Manuskripte mit dem Titel *Tamra Maew* (auch Katzengedichte genannt). Im Jahr 1878 erhielt Rutherford B. Hayes, der damalige Präsident der Vereinigten Staaten, die erste Siamkatze als Geschenk seines Konsuls in Bangkok.

TRADITIONELLE SIAMKATZE ODER THAIKATZE

Sechs Jahre später nahm Edward Gould, der damalige britische Konsul in Bangkok, die ersten Siamkatzen mit nach England. Dort schenkte er sie seiner Schwester Lilian, der sie anscheinend so gut gefielen, dass sie 1901 den *Siamese Cat Club* gründete.

In den 1970er Jahren setzte sich der Trend durch, immer schlankere, zierlichere Siamkatzen zu züchten. Doch einige Züchter hielten am traditionellen Typ fest, was schließlich zur Anerkennung desselben als Rasse unter dem Namen *Thaikatze* führte. Beide verfügen über die gleichen Eigenschaften, die sie zu einer drolligen, bezaubernden Erscheinung machen: ein leichter Silberblick und ihre kommunikative Art, sich mit einem kurzen rauen Miauen zu verständigen.

MODERNE SIAMKATZE

Zwei Jahre, nachdem ich Oye bei mir aufgenommen hatte, bot mir meine Schwester eine Perserkatze an, die nach dem Tod ihres Frauchens allein zurückgeblieben war. Zwei Wochen lang befolgte ich brav alle Ratschläge, um die beiden aneinander zu gewöhnen, aber der Versuch scheiterte, und schließlich gab ich auf. Mein Kater verweigerte sich von Anfang an allen meinen Bemühungen und ließ keinen Zweifel daran, dass er nicht bereit war, sein Reich zu teilen. Das tat mir furchtbar leid, aber dann fand Lina zum Glück ein angenehmeres Zuhause als meines oder besser gesagt: das von Oye.

TIPPS BEI DER AUFNAHME EINER ZWEITEN KATZE

- Man sollte mit dem Geruchssinn anfangen, bevor die beiden Katzen sich sehen: Wenn die Katze, die bereits im Haus lebt, faucht, muss man die beiden getrennt für mehrere Tage in verschiedenen Räumen halten, um dann Kleidungsstücke und andere Dinge auszutauschen, die nach der anderen Katze riechen, damit sie sich aneinander gewöhnen können.

- Man sollte den Kontakt zwischen zwei Katzen langsam herstellen, zunächst nur durch Blicke, bevor sie sich einander nähern und sich beschnuppern können.

- Pheromone für Katzen helfen dabei, die Spannung abzubauen, da die Katzen dann ruhiger sind und sich sicherer fühlen.

- Man sollte stets einen Wasserspray griffbereit in der Nähe haben und ihn einsetzen, um die Katzen voneinander zu trennen, wenn die Kontaktaufnahme außer Kontrolle gerät und zum Kampf ausartet. Und man sollte keine der Katzen anschreien, damit sie dies nicht als Stellungnahme für die eine oder andere Seite interpretieren.

An dem Tag, an dem ich erfuhr, dass es so etwas wie »Therapiekatzen« gibt, verstand ich erst in vollem Umfang die ausgleichende Wirkung, die Oye auf mich hatte. Das Leben mit dieser Katze tat mir gut – physisch und mental –, vor allem in der Zeit, als ich in meinem Job als Interior Designerin in einem Architekturbüro extrem unter Druck stand und sehr gestresst war. Aber auch wenn ich traurig war und mich einsam fühlte. Oyes Schnurren, wenn er um meine Beine strich oder auf meiner Brust lag, half mir, mich zu entspannen, die Dinge, die mich belasteten, besser zu verarbeiten und über alles mit mehr Besonnenheit nachzudenken. Ich hätte nicht gedacht, dass die Ruhe, die mich überkam, wenn ich viel Zeit mit Oye verbrachte, zum großen Teil daher rührte, dass Katzen großartige Krankenpfleger sind: Die Vibration dieses schnurrenden Geräuschs, das sich anhört wie ein kleiner Motor, steigert in unserem Körper die Ausschüttung von Endorphinen. Diese wiederum stärken das Immunsystem und wirken auf natürliche Art als Stimmungsaufheller und Schmerzmittel, weil sie unser Wohlgefühl steigern und sogar Schmerzen lindern. Etwas in dieser Art musste auch Louis Wain und Maud Lewis passiert sein.

VORTEILE,
WENN MAN KATZEN IM HAUS HAT

- Katzen sind leise und ruhige Tiere, und ihre Gegenwart hilft dabei, Stress und Leistungsdruck zu reduzieren und den Blutdruck zu stabilisieren.

- Es stimmt, dass Katzen sehr unabhängig sind, aber sie sind auch sehr liebevoll und daher eine gute Gesellschaft für alte Leute oder Menschen, die nicht in der Lage sind, anspruchsvollere Tiere zu halten.

- Es gibt keinen wissenschaftlichen Nachweis über die Wirkungen von Therapiekatzen, aber die emotionalen Beweise sind überzeugend: Eine Katze zu streicheln stimuliert bestimmte Nervenenden im menschlichen Körper und kann älteren Menschen, die unter einer degenerativen Krankheit wie Alzheimer leiden, dabei helfen, gewisse Erinnerungen zu reaktivieren. Bei Kindern mit Sprach- und Hörproblemen, einem Aufmerksamkeitsdefizit oder einer autistischen Störung verstärken sie das Gefühl von Ruhe, Verbundenheit und Interaktion.

- Katzen bringen Kindern genau wie jedes andere Haustier bei, Verantwortung zu tragen und sich um ein anderes Lebewesen zu kümmern, und sie lernen von klein auf, dass Tiere keine Spielsachen sind: Die Vorteile ihrer Gesellschaft setzen voraus, dass auch wir gut zu ihnen sind.

ES IST SEHR INTERESSANT,
DIE ENTWICKLUNG IN LOUIS
WAINS WERKEN IM LAUFE
DER JAHRE ZU BETRACHTEN.

Louis Wain (1860–1939) gilt als *der* Zeichner von Katzen. Er widmete ihnen beinahe sein ganzes Werk und sein Leben, und ich glaube, dass er, ohne es zu wissen, der Pionier des Einsatzes von Therapiekatzen war. Alles begann, als seine Frau an Krebs erkrankte, und das Einzige, was sie aufheitern konnte, war Peter, der Hauskater. Wain bemerkte diesen Zusammenhang und begann, humorvolle Zeichnungen von Peter anzufertigen. Mit der Zeit wurden seine Zeichnungen zur Karikatur der englischen Gesellschaft jener Zeit: Ganz normale Katzen führten menschliche Handlungen aus, zum Beispiel stellte er sie Zeitung lesend dar, rauchend, grüßend, auf zwei Beinen laufend oder trinkend. Der Schriftsteller H. G. Wells sagte dazu: »Er hat sich die Katzen zu eigen gemacht. Er erfand einen einzigartigen Katzenstil, eine Katzengesellschaft, eine ganze Katzenwelt. Englische Katzen, die nicht wie Louis-Wain-Katzen aussehen und leben, schämen sich.«

Wain überlebte seine Frau um mehr als fünfzig Jahre, allerdings litt er unter plötzlichen Stimmungsschwankungen und war dabei manchmal gewalttätig. Als daraufhin bei ihm Schizophrenie diagnostiziert wurde, entschied seine Familie schließlich, ihn in eine psychiatrische Klinik einweisen zu lassen (wobei man es heute für wahrscheinlicher hält, dass er eine autistische Störung hatte). Auch seine Katzenbilder veränderten sich, bis sie zu Kompositionen aus Farben und Formen wurden, die wie Kaleidoskope aussahen. Die Abstraktion seiner Bilder schritt zusammen mit seiner Krankheit voran, bis die Katzen als solche nicht mehr zu erkennen waren. Heute glaubt man, dass diese Entwicklung seines Werks ein Beispiel dafür ist, wie mentales Leiden die Wahrnehmung beeinflusst.

Maud Lewis (1903–1970) wurde in einem kleinen Dorf in Neuschottland (Kanada) geboren und litt seit ihrer Kindheit unter einer Arthritis, die mit den Jahren ihre Wirbelsäule verkrümmte, ihren Hals lähmte und ihre Hände deformierte. Trotz ihrer chronischen Schmerzen und der Schwierigkeiten, die ihre Krankheit im täglichen Leben verursachte, begann Lewis auf beinah jeder glatten Oberfläche, die sie fand – Holzbretter, die Rückseiten gebrauchter Papiere, Teile von Kartons –, ländliche Szenen und Tiere zu malen. Als Erwachsene wurde sie berühmt, und ihre bekanntesten Bilder sind die von ihren schwarzen und weißen Katzen, die alle ähnlich aussehen, sich aber in feinen Details unterscheiden. Sie stellte sie auf einer grünen Wiese sitzend dar, umgeben von Tulpen und anderen Blumen, allein oder zu dritt. Maudies Katzen wirken immer leicht überrascht, als ob sie jeden Moment aufspringen könnten, um sich in die Felder zu stürzen, so wie ihre Schöpferin es sich immer zu tun wünschte.

IM JAHR 1984 WURDE DAS HOLZHAUS, IN DEM SIE LEBTE, RESTAURIERT. UND HEUTE IST ES IN DER ART GALLERY OF NOVA SCOTIA IN MARSHALLTOWN AUSGESTELLT. DORT, WO DIE HÜTTE URSPRÜNGLICH STAND, BEFINDET SICH HEUTE EINE GEDENKSKULPTUR DES HAUSES AUS STAHL, DIE VON DEM KANADISCHEN ARCHITEKTEN BRIAN MACKAY-LYONS ENTWORFEN WURDE.

Nach dem gescheiterten Versuch, eine zweite Katze aufzunehmen, schlug ich mir die Suche nach einem Spielkameraden für meinen Kater aus dem Kopf, und unsere Beziehung wurde so eng, wie ich es nie erwartet hätte (ich, nicht er, dem das von Anfang an klar war). Oye wusste, dass er gewonnen hatte, und seit diesem Triumph gelang es ihm, mich zu zähmen, und alles bei uns zu Hause durchlief zunächst die strengen Kriterien, ob es seinen Wünschen entsprach. Erst da wurde mir bewusst, dass in Wirklichkeit Oye mich besaß und nicht ich eine Katze.

Dieses Phänomen hat auch John Bradshaw entdeckt, einer der berühmtesten Verhaltensforscher der USA. Er sagt, dass Katzen uns nicht als Menschen wahrnehmen, sondern als riesige Katzen, die ihnen zu Diensten sind. Dass sie uns die gesamte Zeit über, die sie mit uns verbringen, genau beobachten, um zu lernen, wie sie erreichen können, dass wir das tun, was sie wollen. Nach meiner Erfahrung mit Oye kann ich das nur bestätigen.

Oye war immer sehr speziell, und damit meine ich, dass er menschlichen Besuchern gegenüber nicht besonders nett war, nicht einmal, wenn meine engsten Verwandten zu Besuch kamen.

Er saß gern stundenlang oben auf der Rückenlehne seines Sessels, ohne die Gäste zu beachten, und wenn jemand es wagte, ihn mit Streicheleinheiten zu stören, setzte er sich sofort zur Wehr.

Nur bei mir war er anders. Oye war mein Schatten. Sobald ich mich hinsetzte, kam er angelaufen, um auf mich zu klettern, egal, ob er vorher friedlich am anderen Ende der Wohnung geschlafen hatte oder am Fenster saß, um Vögel zu beobachten. Mit den Jahren war ich so an sein Gewicht gewöhnt, dass ich gar nicht mehr merkte, wenn er auf meinen Beinen lag: Auf dem Sofa waren wir eine Einheit.

Katzen sind Gewohnheitstiere, und Oye hatte sich schon als kleines Kätzchen entschieden, die Nächte auf der Terrasse zu verbringen. Jede Nacht ging er um Mitternacht nach draußen, und nach einer Weile hörte ich entfernt, wie er mit Insekten spielte und in den Pflanzen raschelte. Pünktlich um sieben Uhr morgens wollte er dann wieder rein, stand vor der Tür und miaute ununterbrochen, bis ich die Tür öffnete und ihm etwas zu fressen gab. Ich habe nie herausgefunden, wie er es schaffte, die Wochentage auseinanderzuhalten, weil er am Wochenende nicht so früh zu miauen begann. Als nachtaktives Wesen verbrachte er beinahe den ganzen Tag schlafend, und wir hatten tatsächlich fast keine Insekten im Haus, weil er sie zerlegte. Katzen sind nicht nur Fleischfresser und von Natur aus einsame Jäger, sondern sie lieben es genauso wie ihre Vorfahren, mit ihrer Beute zu spielen und sich damit fit zu halten. Sie können sie stundenlang im Kreis herumjagen, ohne sie zu töten.

Als Oye zehn Jahre alt war, beschloss er, dass die Stelle zwischen meinem Hals und meiner Brust der perfekte Ort war, um dort zusammengerollt die Nacht zu verbringen. Immer auf der linken Seite, direkt neben meinem Herzen. Ich habe nie verstanden, was der Grund für diese plötzliche Veränderung war, aber ich schrieb es dem Alter zu und freute mich, dass unsere Lebensrhythmen nun zeitlich übereinstimmten.

DIE SPRACHE

Schmale Augen und Pupillen
zusammen mit aufgestellten,
nach vorn gerichteten Ohren zeigen,
dass die Katze glücklich ist.
GLÜCKLICHE KATZE

Langsames Blinzeln
ist ein Zeichen dafür, dass
die Katze ruhig ist und sich
wohl- und sicher fühlt.
ZUFRIEDENE KATZE

Runde Augen, die Ohren aufgestellt
und offen nach vorn gerichtet.
NATÜRLICHER ZUSTAND

ER KATZEN

Gerunzelte Brauen, ein herausfordernder Blick und aufgestellte, nach außen gerichtete Ohren.
VERÄRGERTE KATZE

Geschlossene Augen, zusammengezogenes Gesicht, die Ohren weit auseinander, angespannte Schnauze und die Schnurrhaare nach hinten gerichtet.
LEIDENDE KATZE

Runde, erweiterte Pupillen, die Ohren nach vorn gelegt.
AGGRESSIVE KATZE

SIERRA DE AITANA, GEBIRGE IN ALICANTE, WO CRASTI GEBOREN WURDE.

Einige Jahre später beschlossen wir, die Familie zu erweitern und einen Hund aufzunehmen. Nachos Mutter hatte uns gesagt, dass sich der Hund ihres Nachbarn, ein wunderschöner *Gos d'Atura Català*, auf eine romantische Eskapade mit Luna, ihrem Foxterrier, eingelassen hatte. Die Folge dieses Abenteuers waren vier kleine Welpen. Das war unsere Chance.

Als Crasti zu uns kam, war er nur wenige Monate alt – ein kleines schwarzes Fellbündel, das für alle Liebe der Welt empfänglich war. Er ließ sich von Oye nicht beeindrucken, und zum Glück sah Oye in ihm keinen Rivalen. Für Oye waren Hunde Teil einer niedrigeren tierischen Evolutionsstufe und ihm natürlich unterlegen. Crastis Einzug in unsere Wohnung war eine Erleichterung für Nacho, und die beiden wurden unzertrennlich, was meine Verbindung zu Oye noch enger werden ließ. Ich passte darauf auf, dass sein Reich weiterhin nur ihm gehörte.

NACHO IST EIN GROSSER SIMPSONS-FAN, DAHER DER NAME: KRUSTY, DER CLOWN, NUR AUF UNSERE ART GESCHRIEBEN.

Eine der ersten Lektionen, die man lernt, wenn Tiere im Haus sind, ist, nicht an materiellen Dingen zu hängen. Crasti war wie ein gewaltiges Erdbeben und gleichzeitig ein guter Lehrer.

In den ersten Jahren war er ein gefürchteter Zerstörer, der jedes Material auf die Probe stellte: Er begann mit einer Holzkommode, und als er größer wurde, zerbiss er nach und nach sämtliche Schubladengriffe. Er gab sich erst zufrieden, als er auch die oberste Schublade erreichen konnte. Auch von Gips war er magisch angezogen und knabberte in sämtlichen Ecken den Putz an. Außerdem gehörten die Kabel unserer Stehlampen zu seinem täglichen Menü, dazu die Akkus unserer Handys und die Stecker. Es ist uns noch heute ein Rätsel, wie er das hingekriegt hat, ohne einen gewischt zu kriegen. Doch was ihm am meisten Spaß machte, war, unsere Socken zu klauen. Mehrere Jahre lang hatten wir kein zusammengehörendes Paar Socken mehr, und auch unsere Übernachtungsgäste verließen das Haus oft mit nur einer Socke. Crasti hatte offenbar auch ein modisches Bewusstsein, denn er zwang uns, regelmäßig neue Schuhe zu kaufen.

Darüber hinaus standen alle Pflanzen, die wir damals noch hatten – die wenigen, die Oye in Ruhe gelassen hatte – ganz oben auf seinem Speiseplan. Zusammen schafften die beiden es schließlich, alle pflanzlichen Lebewesen in unserem Zuhause zu vernichten – sie entschieden, welche Dinge wir behalten durften und für welche die letzte Stunde geschlagen hatte.

> Eine Schweigeminute für alle Pflanzen, die im Kampf gefallen sind.

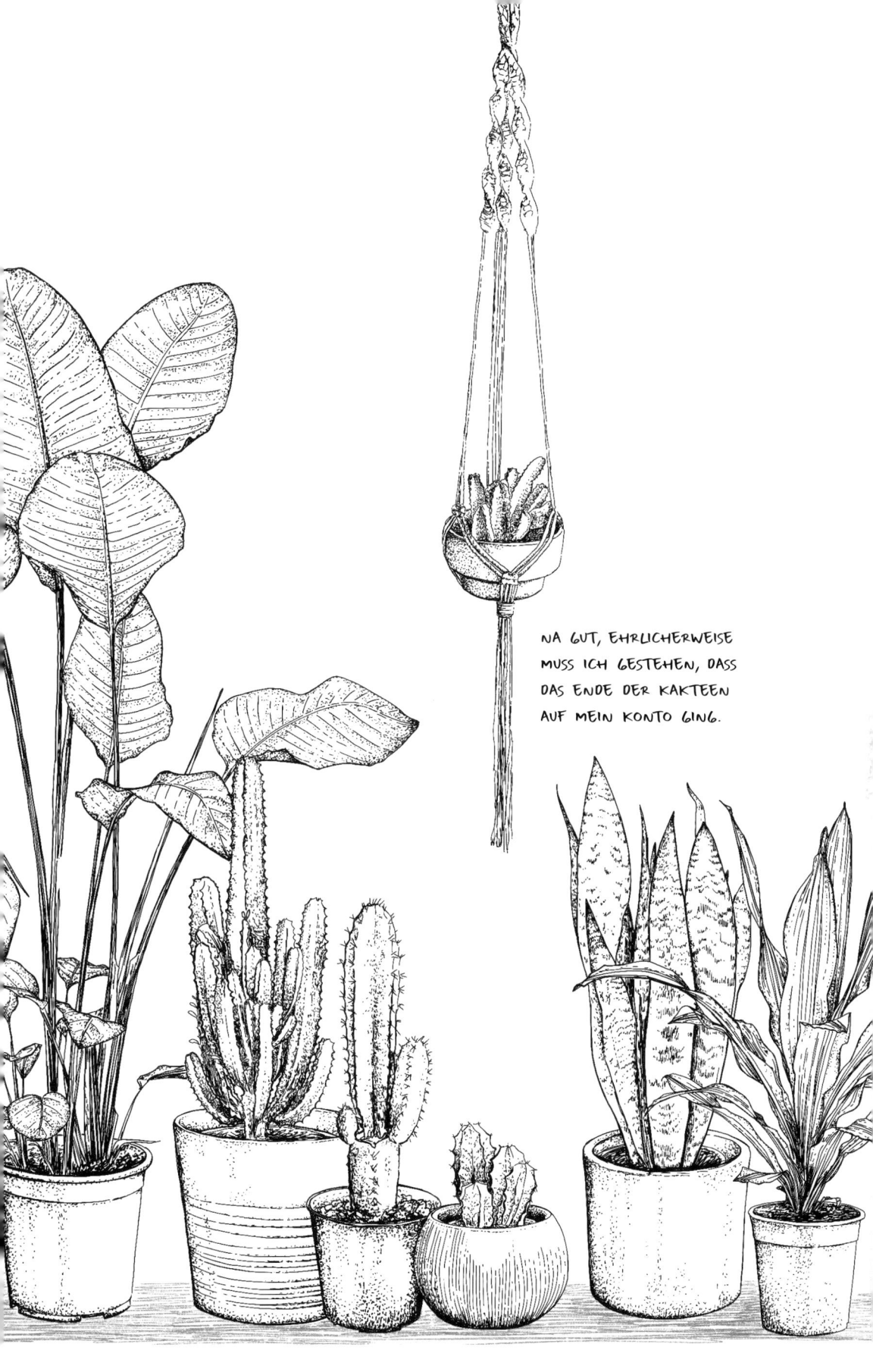
NA GUT, EHRLICHERWEISE MUSS ICH GESTEHEN, DASS DAS ENDE DER KAKTEEN AUF MEIN KONTO GING.

Wie alle Geschwister hielten die beiden manchmal zusammen und andere Male stritten sie sich wie die Kesselflicker. Crasti kam jedes Mal wie der Blitz angeschossen, wenn er hörte, dass Oye seine Krallen an irgendeinem Möbelstück wetzte. Dann bellte er den Kater an, als ob er ihn belehren wollte. Doch Oye ignorierte ihn völlig, und manchmal fing sich Crasti einen Hieb mit der Tatze ein, und Oye fuhr seine Krallen aus. Es war lustig zuzusehen, wie sich die beiden durch den Flur verfolgten, und wenn sie miteinander rangelten, sahen sie aus wie ein rollendes Wollknäuel. Das Gute war, dass sie sich nie ernsthaft verletzten. Sie konnten ihre eigenen Kräfte und die Schwächen des anderen perfekt einschätzen, und beiden schienen diese kleinen Kämpfe zu gefallen. Aber sie gehörten nicht zu den Tieren, die sich das Leben wie zwei Verliebte teilen, nebeneinander schlafen und Zärtlichkeiten austauschen; das hätte mir zwar gefallen, war aber nicht der Fall. Oye und Crasti bewahrten sich ihre Unabhängigkeit, und die Distanz erlaubte es ihnen, relativ friedlich miteinander zu leben: Sie kannten die Grenzen ihres persönlichen Reichs, und in geheimer Absprache hatten sie ihre »Untertanen« so aufgeteilt, wie es für sie Sinn machte.

Meine Schwester Marina war immer eine große Verfechterin davon, dass man von jeder Tierart mindestens zwei Exemplare halten sollte. Sie meint, dass die Tiere nur so emotional ausgeglichen leben können und dass sich dieses Wohlgefühl auf die Harmonie im Haus auswirkt. Nachdem die Aufnahme von Lina jedoch grandios gescheitert war, hielten wir es für relativ unwahrscheinlich, dass Oye mit einer anderen Katze friedlich zusammenleben würde. Zum Glück war der Versuch mit Crasti gutgegangen. Aber so, wie es nicht leicht ist, zwei Katzen zusammenzubringen, ist es auch nicht weniger schwierig, zwei unterschiedliche Tierrassen gemeinsam zu halten.

ICH HABE MIR IMMER GEWÜNSCHT, DASS CRASTI UND OYE EIN BISSCHEN SO WÄREN WIE HENRY UND BALOO, WAS SICH ABER LEIDER NICHT ERFÜLLTE.
@henrythecoloradodog

TIPPS FÜR EIN FRIEDLICHES ZUSAMMENLEBEN VON HUND UND KATZE

- Wenn man sie einander vorstellt, ist es wichtig, Überreizung zu vermeiden, zum Beispiel, indem man darauf achtet, dass der Hund angeleint ist und die Katze die Möglichkeit hat, sich zu verstecken oder zu fliehen.

- Man sollte die besondere Lebensweise beider Tierarten beachten, die völlig unterschiedlich ist. Hunde leben in einer hierarchischen Ordnung zusammen, während Katzen Einzelgänger sind, die ihr Terrain verteidigen. Im Allgemeinen ist es besser, in diese natürlichen Anlagen nicht einzugreifen, sondern zuzulassen, dass sich die Tiere nach und nach selbst auf die Situation einstellen.

- Man sollte die Futternäpfe in getrennten Bereichen aufstellen – und immer weit genug entfernt von der Katzentoilette.

- Es sollte für alle genug Spielzeug vorhanden sein.

- Es ist immer leichter, wenn die neuen Hausgenossen noch sehr jung sind. So wie es bei Crasti der Fall war: Er war ein ahnungsloser Welpe und Oye ein ausgewachsener Kater.

Wir waren immer eine sehr gastfreundliche Familie. Wir hatten gern Freunde und Verwandte bei uns zu Besuch und liebten auch unsere vierbeinigen Gäste, und irgendwann wurde unser Haus zur Tierpension.

Als meine Freundin Pam nach England zog, wohnte ihr Pudel neun Monate bei uns. Und jedes Mal, wenn unsere Freunde Yves und Vincent auf die andere Seite des Globus reisten, haben wir uns um ihren Hund gekümmert. Marina und viele unserer Freunde kamen oft mit ihren Hunden zu Besuch, sodass ich manchmal den Überblick darüber verlor, wie viele Tiere bei uns waren. Allerdings ist uns immer aufgefallen, wie unterschiedlich Oye und Crasti auf Besuch reagierten. Unser Hund war immer überglücklich, egal, ob es sich um Verwandte, Freunde, Hunde oder neue Socken handelte, die er klauen konnte. Und je älter er wurde, desto gehorsamer, liebevoller und aufgeschlossener schien er zu werden. Unser Kater hingegen war sehr wählerisch und ließ daran auch keinen Zweifel. Die Hunde, die zu Besuch kamen, tolerierte sie gnädig, während sie Menschen gegenüber oft ziemlich abweisend war. Die beiden waren da absolut gegensätzlich.

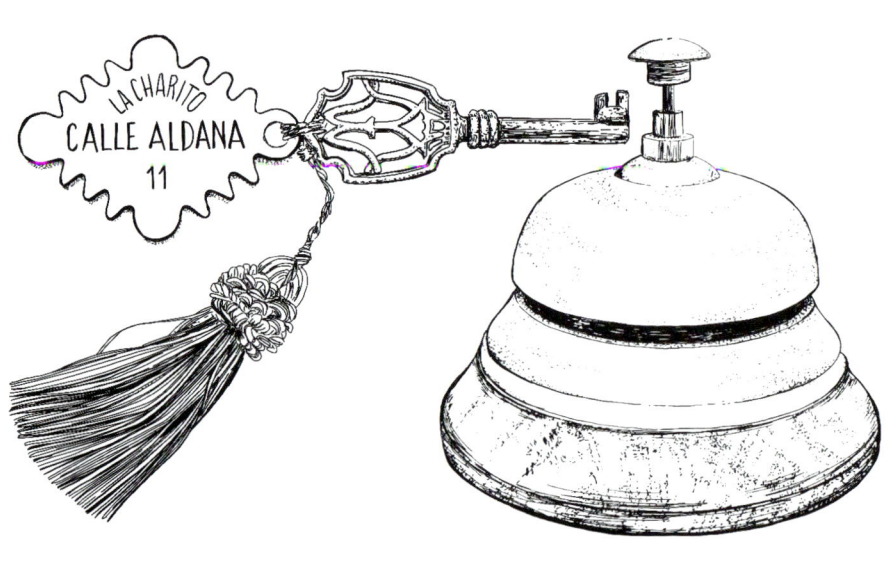

Nach vierzehn Jahren des Zusammenlebens zerbrach unsere kleine Familie. Nacho und ich trennten uns, und jeder behielt sein Haustier: Ich blieb mit Oye in der Wohnung zurück, und mein Kater wurde damit wieder zum Alleinherrscher.

Crasti war in unregelmäßigen Abständen immer mal wieder für eine Woche bei uns, und man konnte sehen, wie die Beziehung der beiden sich veränderte. Mit den Jahren wurden sie toleranter und respektvoller, und das nicht nur, weil sie sich nicht mehr täglich sahen, sondern auch weil sie älter waren.

Mit Nacho hat es bei der gemeinsamen Haltung unserer Tiere nie Probleme gegeben, und glücklicherweise sind wir immer noch gute Freunde. Aber für Fälle, in denen das nicht so ist, wurde in Spanien das Gesetz zum Tierschutz und zum Tierwohl verabschiedet, das unter anderem die Haltung der Tiere regelt, wenn sich ihre Herrchen und Frauchen trennen. Ähnliche Regelungen gelten auch in Portugal, Frankreich, Deutschland, Österreich und der Schweiz. Das Gesetz gesteht den Tieren Rechte zu und den Haltern die Möglichkeit, Schadensersatz zu bekommen, wenn ihren Tieren ein Leid zugefügt wird. Das bedeutet, dass die Tiere als empfindungsfähige Wesen mit eigenen Rechten angesehen werden und nicht als Dinge, die einfach weggegeben, zurückgelassen oder auf irgendeine Art schlecht behandelt werden können.

Der große historische Fortschritt, der durch die Reform der Rechte von Haustieren in der Verfassung erzielt wurde, ist sehr zu begrüßen. Seitdem werden Tiere endlich als Lebewesen mit eigenen Gefühlen angesehen und gelten nicht mehr als Dinge des Haushalts, wie es vorher der Fall war.

2. Dezember 2021

DIE DARSTELLUNG DER JUSTITIA IST VON DER GRIECHISCHEN GÖTTIN THEMIS INSPIRIERT, WAS ORDNUNG BEDEUTET.

Das Alleinsein intensivierte meine Beziehung zu Oye, weil wir jetzt noch mehr Zeit miteinander verbrachten. Oye war mein Trost, mein Kamerad, meine Unterstützung, und nach so vielen Jahren wurden wir endgültig unzertrennlich.

Es gibt die unterschiedlichsten Gründe, warum Menschen sich dazu entschließen, sich eine Tätowierung stechen zu lassen, die ihnen für den Rest ihres Lebens bleibt: Tätowierungen symbolisieren etwas Intimes. Auf gewisse Weise sind sie ein Bund fürs Leben, eine dauerhafte Verbindung mit etwas, das wir lieben.

Ich hatte bereits einige Tätowierungen, und irgendwann beschloss ich, dass der Moment gekommen war, Oye diesem Universum hinzuzufügen. Ich weiß nicht, wie viele Zeichnungen und Fotos ich gemacht habe, bis ich schließlich die Pose fand, die meine Katze am besten wiedergab. Mit den Jahren wird man offenbar wählerischer und anspruchsvoller, vielleicht sogar ein bisschen heikel, denn nachdem ich eine Zeichnung von Oye angefertigt hatte, die mich endlich überzeugte, brauchte ich noch mal genauso lange, um mich zu entscheiden, wohin ich die Tätowierung haben wollte. Ich wollte sie immer vor Augen haben, und deswegen entschied ich mich für die Innenseite meines rechten Unterarms.

Wenn ein Tier zum Teil deines Lebens wird, begleitet es dich bis zum letzten Tag, und wenn es nicht mehr lebt, sorgen die Pigmente unter der Haut dafür, dass es in gewisser Weise doch noch da ist. So geht es vielen, und so geht es auch mir.

Die alten Ägypter waren, anders als man gemeinhin sagt, nicht die Ersten, die vor mehr als viertausend Jahren Katzen als Haustiere hielten. Es gibt Anzeichen dafür, dass es in China schon vor mehr als fünftausend Jahren eine freundschaftliche Beziehung zwischen Katzen und Menschen gab. Aber in Ägypten, und nur dort, wurden Katzen als Symbol für das Göttliche, für Fruchtbarkeit und als Schutztier verehrt. In der ägyptischen Mythologie hatten die Götter die Fähigkeit, sich in verschiedene Tiere zu verwandeln, und die Katzen waren dabei die begehrteste Inkarnation. Das bedeutet, dass die Ägypter die Katzen nicht als Götter verehrt haben – sondern als Wesen, welche die Götter sich für ihre Verkörperung auswählten: Somit waren sie ein Symbol der göttlichen Macht.

Die alten Ägypter schrieben den Katzen nicht nur praktische Fähigkeiten zu, zum Beispiel, dass sie Ratten und Schlangen fernhielten und das beste Mittel zum Schutz vor der Pest und anderen Krankheiten waren. Sie waren auch davon überzeugt, dass die Augen der Katzen fähig waren, die menschliche Seele zu betrachten. Katzen wurden von den Pharaonen stets bevorzugt behandelt, doch nie genossen sie mehr Ansehen als zu der Zeit der XVIII. Dynastie, als Ägypten sich unter neuer Herrschaft wiedervereinigte und zum ersten großen Imperium der Welt wurde. Zu dieser Zeit erreichte die ägyptische Kultur ihren Höhepunkt. Damals wurden Katzen als die Verkörperung der Göttin Bastet angesehen, der Tochter der Götter Ra und Isis. Bastet wurde entweder als eine Frau mit Katzenkopf dargestellt oder einfach als Katze. Und sie symbolisierte das Licht, die Wärme und die Sonnenenergie, aber aufgrund des katzenhaften Aussehens auch das Mysterium, die Nacht und den Mond. Man glaubte, dass Bastet Krankheiten heilen konnte und über die Seelen der Toten wachte.

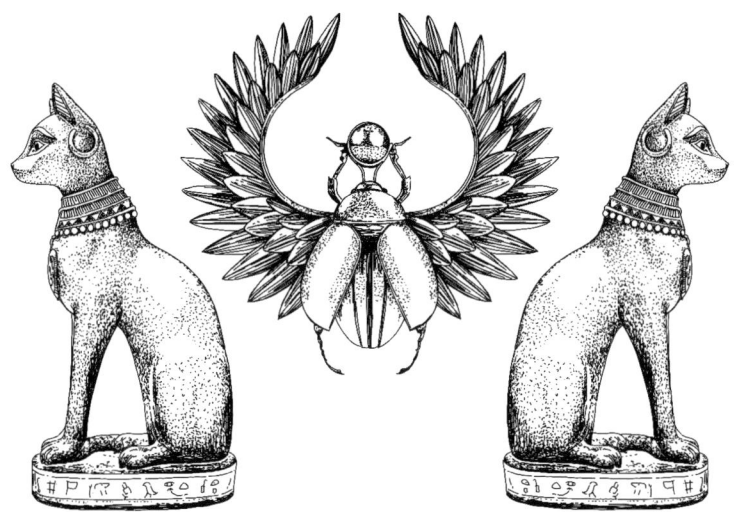

Zu Ehren der Katzen und der Göttlichkeit, die man ihnen zuschrieb, taten die alten Ägypter alles für sie. Sie schmückten die Tiere mit Gold und Juwelen, ließen sie in den Palästen umherlaufen und in den Betten schlafen und bestraften jeden mit dem Tod, der einer Katze ein Leid zufügte oder sie tötete. Sie errichteten Statuen und Obelisken, die die Verbindung zwischen Katzen und Göttern darstellten; sie zeichneten sie als Hieroglyphen und dekorierten Krüge damit; es gab Schmuck und Geschirr mit ihrem Abbild, ihre Bilder schmückten Gräber, und sie wurden sogar mumifiziert. Im Jahr 1888 entdeckte ein Bauer in der Gegend des Tempels von Istabl Antar (auch Speos Artemidos) zufällig Gräber von heiligen Katzen mit etwa hundertachtzigtausend Mumien zu Ehren der Göttin Bastet.

Wenn im alten Ägypten eine Katze starb, rasierten sich ihre Besitzer zum Zeichen der Trauer die Augenbrauen und beweinten das Tier, bis die Brauen wieder nachgewachsen waren. Je reicher eine Familie war, desto aufwändiger war die Bestattung der Katze und desto prächtiger der Sarkophag, in den sie zur ewigen Ruhe gebettet wurde. Gräber waren für die Ägypter Häuser für die Ewigkeit. Es wurden Bilder gemalt, die die Familie des Verstorbenen darstellten, die Dinge, die er am meisten geliebt und am liebsten getan hatte – und auch die Katzen, die Teil seines Lebens waren. In einigen Fällen wurden dem Toten seine mumifizierten Katzen im Grab beigegeben, in der Hoffnung, dass sie ihn auch im Jenseits begleiten würden.

Mein Kater Oye liebte die Sonne so, wie die Ägypter den Gott Ra verehrten. Es war seine Hauptbeschäftigung, sich im Sonnenlicht zu baden, und dafür hatte er ganz genau den Verlauf der Sonne und den Einfall der Strahlen studiert, die über die beiden Balkone in die Wohnung fielen. Im Lauf des Tages wechselte Oye seine Position und passte sie, je nach Jahreszeit und entsprechend der Anzahl der Blätter an den Bäumen, dem Lichteinfall an.

Ich liebte es, meine Katze zu streicheln und die Wärme zu spüren, die ihr Körper stets ausstrahlte, und immer, wenn ich sah, wie sehr Oye unser gemeinsames Leben genoss, machte mich das so glücklich, dass ich lächeln musste.

Die sozialen Netzwerke halfen mir dabei, Kontakte zu knüpfen, und so kam es, dass ich die Verbindung zu meinem ehemaligen Kommilitonen Jerjes wiederaufnahm und mehrere Jahre mit ihm zusammenlebte. Jerjes war kein großer Fan des Zusammenlebens mit Katzen, aber mit Oye verstand er sich von Anfang an gut, und er wählte ihn als Modell für viele seiner Zeichnungen, die ich heute wie einen Schatz aufbewahre.

Der Lauf der Zeit ist bei Tieren gut zu erkennen, weil sie unglücklicherweise ein deutlich kürzeres Leben haben als wir Menschen. Bei Oye war die körperliche Veränderung besonders deutlich, weil das Fell bei Siamkatzen mit zunehmendem Alter immer dunkler wird.

Die Veränderung seines Charakters verlief langsamer, war aber nicht weniger deutlich. Er wurde den Menschen, die uns besuchten, gegenüber sanfter, und seine Anhänglichkeit mir gegenüber wurde größer. Er war nicht mehr so gern allein und verlangte ständig nach Streicheleinheiten, als ob ihn das irgendwie beruhigen würde. Dadurch wurde es, abgesehen von Nacho, immer schwieriger, jemanden zu finden, der sich um ihn kümmern konnte, wenn ich für mehrere Tage verreisen musste.

Normalerweise bin ich nicht oft krank, aber wenn ich mich doch einmal schlecht fühlte, war das Kuscheln mit Oye in all den Jahren die beste Medizin für mich. Angeblich merken Tiere und ganz besonders Katzen es, wenn wir uns nicht gut fühlen, und suchen unsere Nähe, um uns zu schützen. Jedes Mal, wenn ich krank war, wich Oye mir nicht von der Seite. Und wenn ich Angst hatte oder unglücklich war, war Oye immer da, um meine Traurigkeit wegzulecken, weil er wusste, dass seine kleine raue rosafarbene Zunge ausreichte, damit ich meinen Kummer für einen Moment vergaß.

Während unseres gemeinsamen Lebens habe ich die ganze Zeit gespürt, dass ich Oye mehr gebraucht habe als er mich, bis er altersbedingt an den Nieren erkrankte. Von da an veränderte sich unsere alltägliche Routine dahingehend, dass ich meinen Kater bis zu seinem letzten Tag begleitet habe.

Mein seelischer Zustand hing von seinem Appetit ab. Oye war inzwischen so dünn, dass ich einen Tag für glücklich hielt, wenn es mir gelungen war, ihn dazu zu bringen, dass er fraß und seine Medizin nahm. Ich versuchte, meinen Kummer zu verbergen, damit er ihn nicht spürte, aber wenn er nachts neben mir schlief, schreckte ich immer wieder auf und tastete nach seinem warmen Körper, bis ich ihn fand. Die Angst, meinen Kater zu verlieren, war so groß, dass ich spürte, wie ein Teil von mir mit ihm starb.

Oyes Tage verliefen langsam und ruhig, und ich war für jeden weiteren Tag mit ihm dankbar. Sein Fell verfilzte, bis es aussah wie ein alter Mantel, der seinen immer stärker abgemagerten Körper bedeckte. Er hatte Fellknoten am Rücken, und sein borstiger Schwanz erinnerte mich an den eines Drachen. Seine eleganten, geschmeidigen Bewegungen wurden ungeschickt und unsicher, und das Strahlen seines Blicks erlosch immer mehr und verschwand schließlich ganz. Seine Fangzähne waren von einer dunklen Maserung überzogen, und alle seine Zähne wurden grau, als drohten sie auszufallen. Am Ende hörte Oye auf, seine Krallen zu benutzen, als ob er nicht mehr die Kraft und das Bedürfnis gehabt hätte, Kratzspuren zu hinterlassen.

Während meine Zeit mit Oye langsam zu Ende ging, trat Arnau in mein Leben. Es gibt Menschen, die auf Tiere beruhigend wirken und ihnen Vertrauen einflößen, ohne es selbst zu wissen und ohne eigene Haustiere zu haben, und Arnau war genau so ein Mensch.
Von Anfang an hatten er und Oye eine ganz besondere Verbindung.

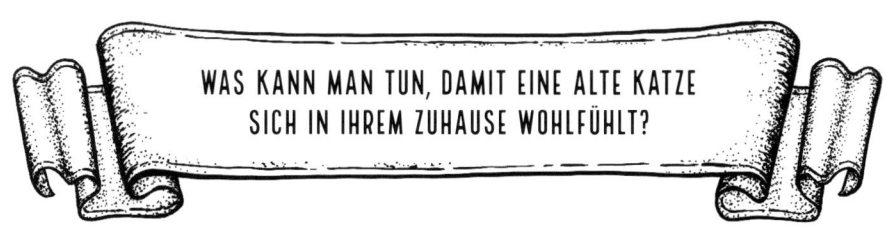

WAS KANN MAN TUN, DAMIT EINE ALTE KATZE SICH IN IHREM ZUHAUSE WOHLFÜHLT?

- Es ist wichtig, dass sie ihre Lieblingsplätze leicht über kleine Rampen oder Stufen erreichen kann, ohne springen zu müssen.
- Der Rand der Katzentoilette sollte möglichst niedrig sein, damit die Katze leicht hinein- und hinauskommt, und der Futternapf etwas erhöht, damit sie sich nicht zu sehr bücken und den Hals recken muss.
- Man sollte bevorzugt weiches Nassfutter anbieten, das ein stärkeres Aroma verströmt und eine anziehende Wirkung hat.
- Ältere Katzen trinken weniger Wasser, und ein Trinkbrunnen kann sie dazu bringen, es öfter zu tun.
- Man sollte tagsüber mit ihnen spielen, damit sie sich nachts besser ausruhen können. Pheromone helfen bei der Entspannung und reduzieren die Unruhe bei Schlaflosigkeit. Und wenn sie sich nicht mehr viel bewegen, helfen weiche Kissen, damit sie sich nicht wundliegen.

Diese Tage waren für mich nicht leicht, aber mein größter Wunsch war, dass Oye das Leben, das ihm noch blieb, auf die bestmögliche Art und Weise verbringen konnte.

Als der Arzt chronisches Nierenversagen diagnostizierte, wollte ich es nicht glauben und suchte mehrere Tierkliniken auf, um weitere Meinungen einzuholen, doch alle waren sich einig: Es war nichts mehr zu machen.

Ich wollte es nicht wahrhaben, dass Oyes Ende nahte und auch unsere gemeinsame Geschichte bald enden würde. In diesen letzten Tagen lebte ich wie in einer Blase, fernab jeder Realität. Arnau war immer bei mir, auch als ich die schwierige Entscheidung treffen musste, Oye einschläfern zu lassen.

Ich weiß nicht, wann der Knoten in meinem Herzen sich löste, das sich jedes Mal zusammenzog, wenn ich die Plätze sah, an denen sich Oye nun nicht mehr befand.

Ich weiß nicht, wie lange es dauerte, bis ich mir nicht mehr einbildete, mitten in der Nacht das Scharren in der Katzentoilette zu hören, das Trappeln von kleinen Pfoten oder das dumpfe Geräusch, wenn Oye mit einem Satz vom Bett aus auf den Boden sprang. Wenn ich nachts im Bett lag, meinte ich immer noch, sein Gewicht auf meinen Beinen zu spüren.

Ich weiß nicht, wann ich die Kraft haben werde, alles, was Oye einmal gehörte, wegzuwerfen, oder wann ich in der Lage sein werde, die Balkontür offen zu lassen, weil er ja nicht mehr hinauslaufen kann, um die Farnblätter zu fressen.

Ich weiß nicht, wann mir endlich klar sein wird, dass er sich nachts nicht mehr an meinen Rücken schmiegt und dass ich mich, ohne aufzupassen, in den Sessel setzen kann.

Ich weiß nicht, ob ich irgendwann nicht mehr traurig bin.

Und ich weiß auch nicht, ob ich will, dass das passiert.

Der Platz in meinem Leben, den Oye eingenommen hatte, war nun von Leere erfüllt. Ich verlor mich darin, seine Sachen und seine Lieblingsplätze zu betrachten, und mein Herz vegetierte vor sich hin, als ob nur noch der Gedanke darin Platz hätte, dass es Oye nicht mehr gab und dass unsere gemeinsame Zeit zu Ende war. Ich hatte mich so lange um ihn gekümmert und mich vor dem Moment gefürchtet, an dem er nicht mehr da sein würde, dass ich keine Ahnung hatte, wie ich nun mit seiner Abwesenheit umgehen sollte. Es tat mir genauso weh, wenn jemand nach ihm fragte, wie wenn es keiner tat. Ich hatte immer gedacht, dass jeder Verlust mit dem nächsten verbunden ist, sodass es immer schwieriger ist, einen neuen Verlust zu überwinden, als den vorhergehenden. Wenn ich essen wollte, schnürte sich mir den Magen zu, und wenn ich versuchte zu schlafen, machte die Sehnsucht nach Oye mein Herz tonnenschwer, und auch wenn ich wusste, dass diese Gefühle mit der Zeit nachlassen würden, gab es nichts, was mich trösten konnte. Damals konnte ich mir weder Fotos von Oye ansehen noch an ihn denken, ohne zu weinen. Daher verbat ich mir jeden Gedanken an Oye und blockte alle Erinnerungen ab. Ich wurde zu einem Automaten, der ein Leben führte, das nicht das seine war. Ein Teil von mir war mit Oye gestorben.

Seit 1969 herrscht in der Psychologie die Theorie der fünf Phasen der Trauer vor, die die amerikanisch-schweizerische Psychiaterin und Sterbeforscherin Elisabeth Kübler-Ross entwickelt hat. In ihrem Buch *Interviews mit Sterbenden* beschreibt sie ein allgemeines Modell, das erklärt, wie sich Menschen in den verschiedenen Momenten der Trauer fühlen und wie sie üblicherweise handeln.

Im Jahr 1946 besuchte Elisabeth Kübler-Ross das Vernichtungslager Majdanek in Polen, das zwei Jahre zuvor befreit worden war. Als sie in die Baracke kam, in dem die Kinder gefangen gewesen waren, fand sie die mit den kaputten Spielsachen und den herumliegenden kleinen Schuhen besonders erschütternd. Aber die Baracke beeindruckte sie auch, weil es etwas gab, was sie nicht erwartet hatte: Die Wände waren von Hunderten von Schmetterlingen bedeckt, Zeichnungen, die mit den Fingernägeln in die Wände eingeritzt worden waren. Kübler-Ross erzählte, dass sie fünfundzwanzig Jahre lang mit sterbenden Patienten arbeiten musste, um vollständig zu verstehen, was das bedeutete: Diese Kinder wussten, dass sie sterben würden, und deshalb hinterließen sie eine Botschaft der Hoffnung. Ihre Körper würden nicht mehr da sein, aber durch diese Schmetterlinge würde man sich für immer an sie erinnern.

DIE PHASEN DER TRAUER

1. Die Phase des Leugnens: Anfangs hilft es, den Schlag, den der Tod eines geliebten Menschen oder Tieres auslöst, zu dämpfen und einen Teil des Schmerzes nach hinten zu schieben, aber diese Zeit ist nicht unendlich, weil sie irgendwann auf die Realität trifft.

2. Die Phase des Zorns: In dieser Zeit dominiert das Gefühl der Wut und des Unwillens sowie die Suche nach Verantwortlichen oder Schuldigen. Die Wut entsteht durch die Verzweiflung, die die Feststellung mit sich bringt, dass der Tod nicht mehr rückgängig zu machen ist, dass es keine mögliche Lösung gibt. Daher richtet sich die Wut nach außen, auf die Umwelt, einschließlich der uns am nächsten stehenden Menschen.

3. Die Phase der Verhandlung: Der Trauernde befasst sich mit der irrigen Vorstellung, dass der Tod hätte verhindert werden können. Es ist üblich, sich die Frage zu stellen: »Was wäre gewesen, wenn …?« Oder sich Strategien zu überlegen, wie das Ende hätte vermieden werden können: »Und wenn ich dieses oder jenes getan hätte?«

4. Die Phase der Depression: Tiefe Trauer und das Gefühl der Leere beherrschen Körper und Geist, aber es handelt sich nicht um eine klinische Depression, sondern um ein Zusammenwirken der mit der natürlichen Trauer verbundenen Empfindungen angesichts des Todes eines geliebten Menschen oder Tieres. Einige Menschen haben das Gefühl, dass das Leben ohne den Verstorbenen keinen Sinn mehr macht, sie kapseln sich für eine längere Weile von ihrer Umgebung ab.

5. Die Phase der Akzeptanz: Wenn der Verlust einmal akzeptiert wurde, lernen die Trauernden, mit dem emotionalen Schmerz in der Welt ohne den geliebten Menschen zu leben, und mit der Zeit erlangen sie die Fähigkeit zurück, Freude und Fröhlichkeit zu empfinden.

Genau in dieser Zeit des nicht nachlassenden Verlustgefühls und der Leere, die Oyes ständige Abwesenheit nach all den Jahren des Zusammenlebens mit sich brachte, zog Crasti für eine Weile bei mir ein. Es verging kein Tag, an dem er nicht in jeder Ecke nach Oye suchte, als ob es ihm nicht zu verstehen gelänge, wo der Kater sich versteckt hatte. Wir teilten unser Leid, und dank ihm rang ich mich dazu durch, Oyes Sachen zu entsorgen und meine Aufmerksamkeit und Zärtlichkeit Crasti zu widmen, der inzwischen auch nicht mehr jung war.

Daran erinnert zu werden, wie sie zusammen gespielt und sich gegenseitig verfolgt hatten, machte mir Angst, aber es tat mir auch gut, Crasti bei mir zu haben. Es ist leichter, den Verlust eines Tieres in der Gesellschaft eines anderen zu überwinden, und Crasti mit seinem fröhlichen Blick und seinem Enthusiasmus sorgte dafür, dass die Tage nicht mehr ganz so traurig waren. Das Einkaufen im Viertel, die Spaziergänge zum Montjuic am Sonntagmorgen, sein Drang, an jedem Brunnen anzuhalten, um zu trinken, und sein Vergnügen daran, sich auf dem Boden zu wälzen, waren für mich eine Art Therapie. Mit Crasti zusammen das Haus zu verlassen war auf gewisse Weise so wie die Schmetterlinge an den Wänden, die Elisabeth Kübler-Ross gefunden hatte.

Aufgrund von Umständen, die nicht vorherzusehen waren, zogen Nacho und Crasti kurze Zeit später nach Altea, was etwa fünfhundert Kilometer von Barcelona entfernt liegt. Das warf mich um Längen zurück, und der Verlust von Oye erschien mir umso schlimmer: die leere Wohnung; der Schmerz, wenn ich an meinen Pullovern Haare von ihm entdeckte; der Trost, den ich spürte, wenn ich ein Schnurrhaar oder Reste seiner Krallen fand, die ich in einer kleinen Kiste aufbewahrte, als wären es Reliquien. Erinnerungen an Oye, aber auch an Crasti, an beide und an die gemeinsamen Jahre, an die zu Ende gegangenen gemeinsamen Geschichten.

Mein Leben veränderte sich. Ich war vollkommen frei und konnte, ohne irgendwelche Vorkehrungen zu treffen, das Haus verlassen, musste meinen Tagesablauf nicht mehr nach den Zeiten der Versorgung und der Gabe von Medikamenten richten, aber ich hatte auch weniger Freude im Leben und das übermächtige Bedürfnis, mit den Haustieren meiner Freunde zu spielen und mich um sie zu kümmern. Das weckte in mir allmählich den Wunsch, mein Leben und meine Zeit wieder mit einem Tier zu teilen.

Aber die Angst davor, erneut leiden zu müssen, hielt mich immer wieder davon ab, sodass ich manchmal voller Entschlussfreude war und dann wieder völlig unentschieden, was zu einem Wechselbad der Gefühle wurde. Ich wusste nicht, wie ich ohne Oye leben sollte, aber ich war mir auch sicher, dass ich nicht ohne Haustiere leben wollte – ohne mich um sie zu kümmern, ihre Gesellschaft zu genießen und den Drang im Zaum zu halten, jedes Tier zu streicheln, das mir über den Weg lief.

Die Menschen in meiner Umgebung merkten, dass etwas mit mir geschah, und ich konnte mich vor Angeboten, ein Tier bei mir aufzunehmen, kaum retten. Aber mein innerer Kampf zwischen dem Wunsch nach einem Tier und dem Schmerz über meinen Verlust war noch nicht abgeschlossen. Wenn man so viele Jahre mit einem Tier zusammengelebt hat, das einem so nah war, das einem zugehört und einen bedingungslos begleitet hat, sorgt das für eine derart enge Bindung, dass die Trauer so intensiv sein kann wie beim Tod eines nahen Verwandten oder engen Freundes. Ich wollte meine Katze, die in meinem Leben so wichtig gewesen war, nicht ersetzen, ich weigerte mich, meine Trauer um Oye aufzugeben, und es erschien mir sogar als Verrat, mich von meinem Kummer zu befreien.

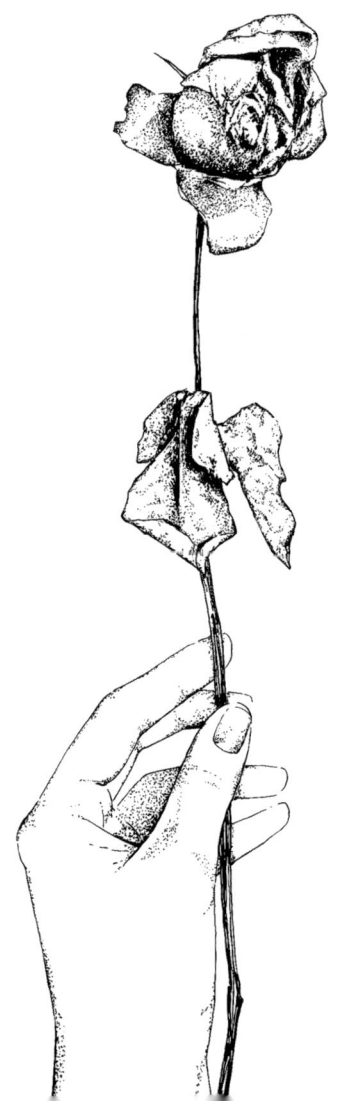

Eines Tages jedoch – ohne dass ich hätte sagen können, warum – war ich endlich bereit, ein neues Tier in mein Leben zu lassen. Der Wunsch hatte den Schmerz besiegt. Allerdings wollte ich mich nicht mehr auf ein junges Tier einstellen müssen. Lange Zeit hatte ich mit der Ruhe des Alters gelebt, und in Oyes letzten Lebensjahren hatte sich meine Wohnung, dank seines Gleichmuts, wieder mit Pflanzen gefüllt. All die Energie, die ich darin investiert hatte, mich um Oye zu kümmern, hatte ich anschließend in meine Pflanzen gesteckt, und es war mir wichtig, sie behalten zu können. Auch sie waren ja Lebewesen und hatten bei mir gewohnt, als Oye schon nicht mehr bei mir war.

Ich bin nie auf den Gedanken gekommen, ein Tier zu kaufen. Ein Tier zu retten oder zu adoptieren hat mir dagegen immer viel Freude gemacht, und diese Freude erwachte erneut, als ich mir im Internet die Webseiten von verschiedenen Tierschutzorganisationen ansah. Ich wusste, dass dies nur eine erste Art und Weise war, mit Tieren, die ein Zuhause suchten, Kontakt aufzunehmen. Mir Fotos anzusehen und die dazugehörenden Beschreibungen zu lesen, um mich darauf vorzubereiten, war gut und notwendig, aber der entscheidende Moment würde jener sein, wenn ich es wagte, loszugehen, um sie kennenzulernen.

Sechs Monate nachdem Oye mich für immer verlassen hatte, und einen Monat nach Crastis Umzug beschloss ich, dass dieser Moment gekommen war. Meine Freundinnen Laura und Bea begleiteten mich zu einer Tierschützerin, wo wir uns – zumindest sagten wir uns das – erst einmal nur informieren wollten, ohne bereits an eine Adoption zu denken. Wir sahen viele Katzen. In dem ersten Raum, den wir betraten, waren mehrere, die aus einem Haus gerettet worden waren, in dem Leute mit dem Noah-Syndrom gelebt hatten: Sie hatten mehr als fünfunddreißig Katzen, mehrere Papageien und mehrere Karpfen in einem künstlichen Teich gehalten. Ein paar Wochen nach der Rettung waren nur die wildesten Katzen im Tierheim zurückgeblieben, die verschreckt und widerspenstig waren. Die braven und hübschen Katzen hatten alle bereits ein neues Zuhause gefunden.

Das Noah-Syndrom ist eine wohlklingende Bezeichnung für eine psychische Erkrankung mit dem Namen »Tierhortungsstörung«, bei der es sich um eine Variante des Diogenes-Syndroms handelt. In vielen Fällen treten beide Störungen gleichzeitig auf, wobei das Diogenes-Syndrom besser erforscht ist.

Das Noah-Syndrom wird seit dem Jahr 1997 in den USA von einer Institution mit dem Namen *Hoarding of Animals Research Consortium (HARC)* erforscht. Im Jahr 2012 publizierte die Ärztin Paula Calvo die erste Studie des Syndroms in Europa, in der sie darlegt, dass Tierhortung eindeutig eine Form der quälerischen Misshandlung und tierschutzwidrigen Haltung ist, die nach dem Tierschutzgesetz bestraft werden kann.

Als ich kurze Zeit später zusammen mit Arnau den Raum mit den Katzen betrat, fiel mein Blick sofort auf eine wunderschöne graue Katze mit traurigen Augen, die sich in ihrem Käfig zusammengerollt hatte. Vom ersten Moment an vermittelte sie mir den Eindruck einer eleganten, vornehmen und unnahbaren Dame. Wir setzten unseren Rundgang fort bis zum letzten Käfig, wo mich ein paar orangefarbene mürrisch blickende Augen so intensiv anstarrten, dass ich den Blick erwiderte. Es handelte sich um eine acht Jahre alte schwarze Perserkatze, die in einem äußerst schlechten Zustand war. Sobald ich sie auf den Arm nahm, wusste ich, dass ich sie niemals mehr hergeben wollte, und als ich sie an Arnau weitergab, spürte ich, wie er vor Rührung dahinschmolz.

Ich mag stille Katzen, die nicht allzu viel Pflege erfordern, anmutig sind und sich elegant bewegen, und diese Katze war alles andere als das: Sie war vollkommen zerzaust, ihr Fell eine Mischung aus Dreadlocks und kahlen Stellen, ihr Gesicht war verklebt, und sie stank wie die Pest. Sie hatte so viele Jahre auf Pflege verzichten müssen, dass ihr Bauchfell ganz verkrustet war. Sie war das Gegenteil einer idealen Katze, aber andererseits war sie so außergewöhnlich und so liebebedürftig, dass ich sie nicht zurücklassen konnte. Doch als wir mit der schwarzen Katze auf dem Arm bei unserem Rückweg wieder an der grauen Katzendame vorbeikamen, sagte mir eine Stimme in meinem Inneren, dass ich nicht einfach so weitergehen konnte, und zwar so eindringlich, dass ich auf die Idee kam, diese Katze ebenfalls mitzunehmen. Arnau, der ein viel besonnenerer Mensch ist als ich, hatte keine Zeit, irgendwie zu reagieren. Ehe er sich versah, hielt er die graue Katzendame im Arm. So wurde unser Besuch im Tierheim, wo wir uns eigentlich nur einen ersten Eindruck hatten verschaffen wollen, am Ende zu einer doppelten Katzenadoption.

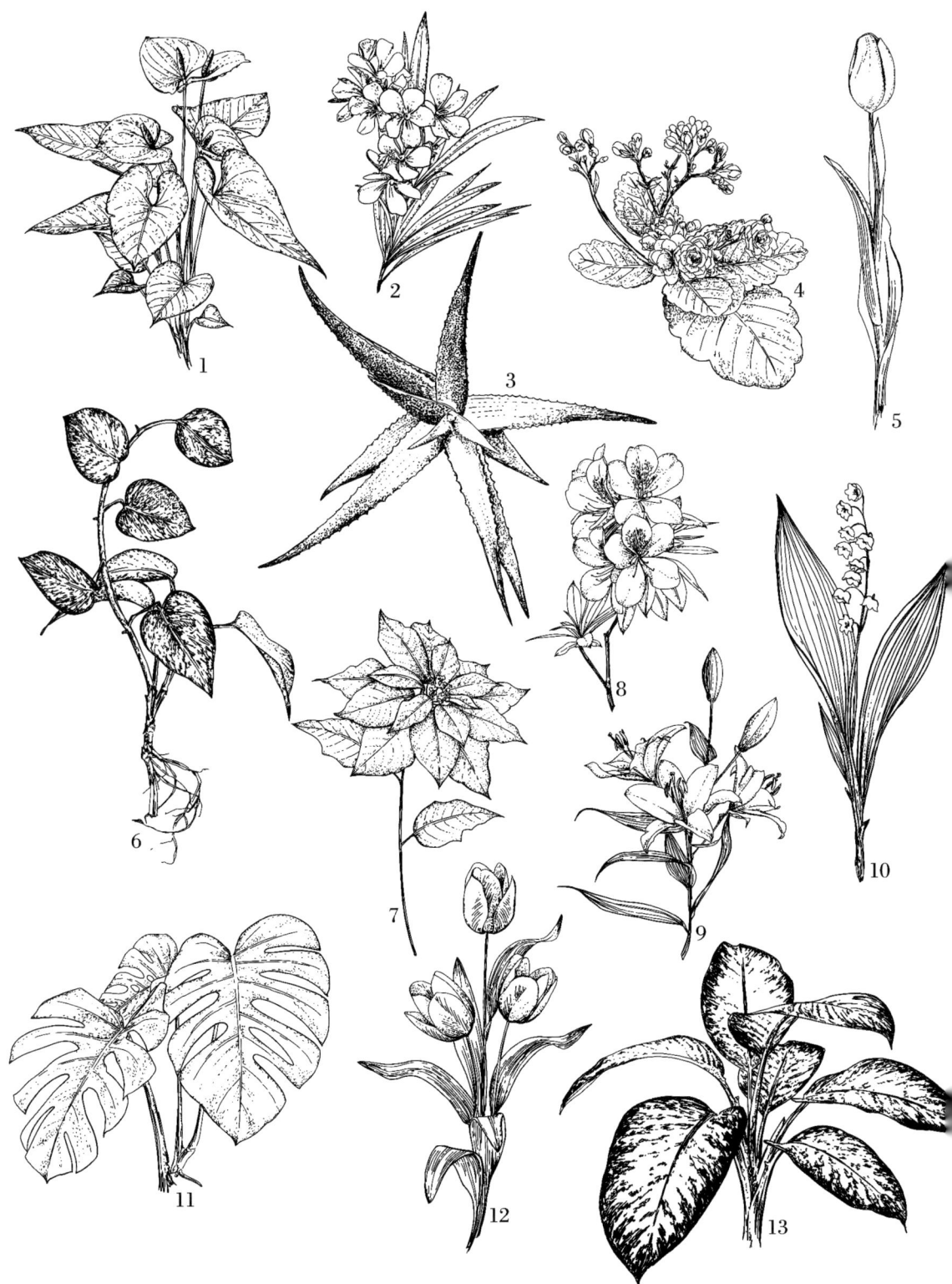

FÜR KATZEN GIFTIGE PFLANZEN
1. Flamingoblume 2. Oleander 3. Echte Aloe 4. Kalanchoe 5. Tulpe
6. Efeutute 7. Weihnachtsstern 8. Azalee 9. Lilie 10. Maiglöckchen
11. Fensterblatt 12. Herbstzeitlose 13. Dieffenbachie

FÜR KATZEN SICHERE PFLANZEN
1. Boston Farn 2. Usambaraveilchen 3. Amarant 4. Calathea 5. Eselschwanz
6. Echeverie 7. Rosmarin 8. Peperomie 9. Planta Mala Madre
10. Elefantenfuß 11. Bromelia 12. Orchidee 13. Chamelaucium

Es heißt, dass Veränderungen nicht leicht sind, und für Katzen sind sie noch schwieriger, aber einen Käfig zu verlassen, um in ein Zuhause umzuziehen, wo die Liebe zu Tieren so offensichtlich ist, war für die beiden Katzen kein Drama. Eher im Gegenteil. Wie bei allen guten Beziehungen war von Anfang an alles leicht und unproblematisch.

Wir nannten sie Señora und Petrusca. Señoras Name stand von Anfang an fest, er passte perfekt zu dieser eleganten, ruhigen und sanften Katze, bei der selbst das Miauen vornehm klingt, die aber auch vorsichtig und misstrauisch sein kann. Im Fall von Petrusca wählten wir den Namen zu Ehren von Arnaus Großmutter, die alle ihre Katzen so genannt hatte. Sie hatte eine Petrusca und einen Petrusco, die ihrerseits verschiedene Petrusquets und Petrusquetas hatten. Unsere Petrusca verkörpert diese Vielfalt auf besondere Weise, als ob diese eine Katze mehrere Tiere in sich vereint. Ihr Miauen erinnert an das Quaken eines Frosches. Wenn sie sich am Bauch leckt, ähnelt sie einem großen Meerschweinchen, und wenn sie läuft, sieht sie eher aus wie ein kleiner Bär als wie eine Katze – ganz zu schweigen von all den Geräuschen, die sie im Schlaf von sich gibt. Sie ist ein regelrechtes Katzenorchester.

DIE TYPISCHE MARKIERUNG IM OHR EINER STRASSEN-KATZE, DIE ZUR GEBURTEN-KONTROLLE KASTRIERT WURDE (BEI WEIBCHEN RECHTS, BEI MÄNNCHEN LINKS).

WINZIGE OHREN

IHRE ORANGEFARBENEN AUGEN SCHEINEN IMMER MÜRRISCH ZU BLICKEN. UND IHRE WINZIGE NASE IST IN IHREM FLACHEN GESICHT VERSTECKT.

SIE HAT VIER FANGZÄHNE UND NUR EINE WEITEREN ZAH

2,6 Kg
SIE IST SEHR KLEIN MIT VIEL FELL DRUMHERUM.

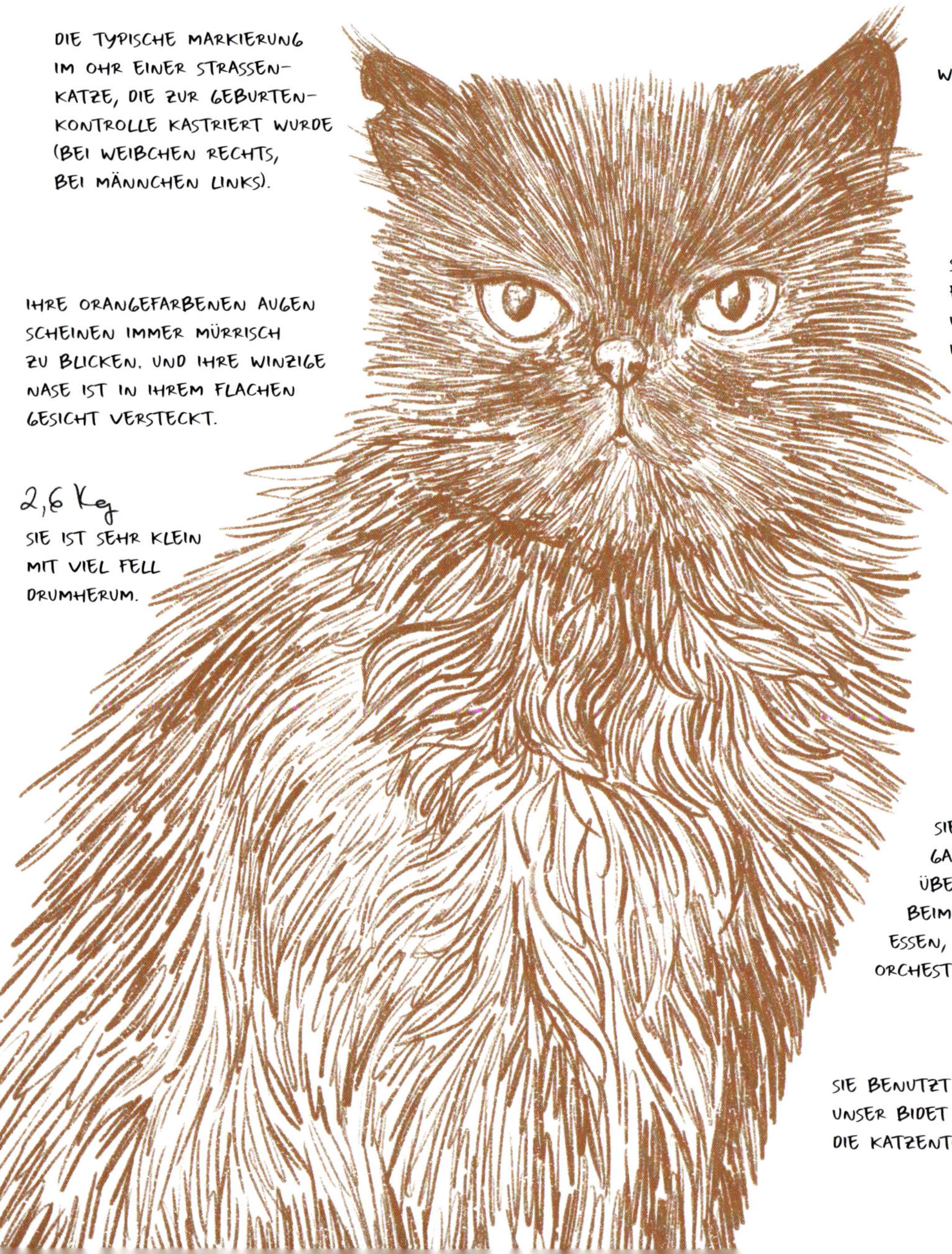

SIE MACHT DIE GANZE ZEIT ÜBER GERÄUSCHE: BEIM ATMEN, ESSEN, LEBEN ... EIN ORCHESTERKATZE.

SIE BENUTZT LIEBER UNSER BIDET ALS DIE KATZENTOILETTE.

2021 — Señora

Bei ihr ist die Markierung der Geburtenkontrolle sehr gross; sie mag es, wenn ich ihre Ohren streichle.

Ihr fehlt rechts unten ein Fangzahn, was wir erst nach einem Monat gemerkt haben.

Bei ihr ist alles vornehm, von ihrem Miauen bis zu dem Blick aus ihren hübschen, dunkel umrandeten Augen; sie sieht aus, als wäre sie geschminkt.

Es scheint, als würde sie einen weissen Schal tragen.

3,5 kg

Sie ist äusserst aufgeweckt und sehr elegant. Wenn sie springt, scheint sie zu fliegen; sie ist leise und diskret.

Ich habe noch nie ein so seidiges, flaumiges Fell berührt; alles an ihr ist ganz weich.

Diejenigen von uns, die das große Glück haben, mit Tieren zusammenzuleben, wissen, dass sie es sind, die *uns* auswählen. Man kann es eine besondere Verbindung, Energie oder Liebe nennen, aber egal, wie man es bezeichnet, wissen wir genau, was man dabei fühlt. Wir Menschen sind von Erinnerungen geprägt, und wenn man jene Momente in unserer Kindheit, in denen die Zeit keine Rolle spielte, als Glück bezeichnet, und es diese Bilder sind, die wieder und wieder zu uns zurückkehren, dann bin ich immer noch das kleine Mädchen, das in den Straßen eines Dorfs in Teruel die Tiere streichelt.

DIE GERANIEN, DIE MEINE GROSSMUTTER AUF DER TERRASSE HATTE.

DIESES BUCH GÄBE ES NICHT OHNE DIE HILFE MEINER SCHWESTER, ♥ DER ZWEITEN HÄLFTE IN MEINEM LEBEN.

Laura Agustí (geb. 1980) studierte an der Universidad Miguel Hernández in Altea Bildende Kunst und wurde an dem Kunst-und-Design-Zentrum Escola Massana in Barcelona zum *Superior Technician of Plastic Arts and Design in Projects and Direction of Decoration Works* ausgebildet. Nachdem sie sich mehrere Jahre lang der Malerei widmete, arbeitet sie inzwischen fast ausschließlich als Illustratorin. Sie stellte ihre Werke in Einzelausstellungen und gemeinsam mit anderen Künstlern aus und hat eine Ausstellung kuratiert, an der fünfzig Künstler beteiligt waren. Im Mai 2018 veröffentlichte sie mit *Gatos en la cabeza* ihr erstes illustriertes Werk. *Geschichte einer Katze* ist das Buch, mit dem sie international ihren Durchbruch feierte – ein von Kritikern hochgelobtes Gesamtkunstwerk über Menschen und Katzen mit einfühlsamen Texten und wunderschönen Illustrationen und ein Muss für alle Katzenfreunde.

www.lalauri.com

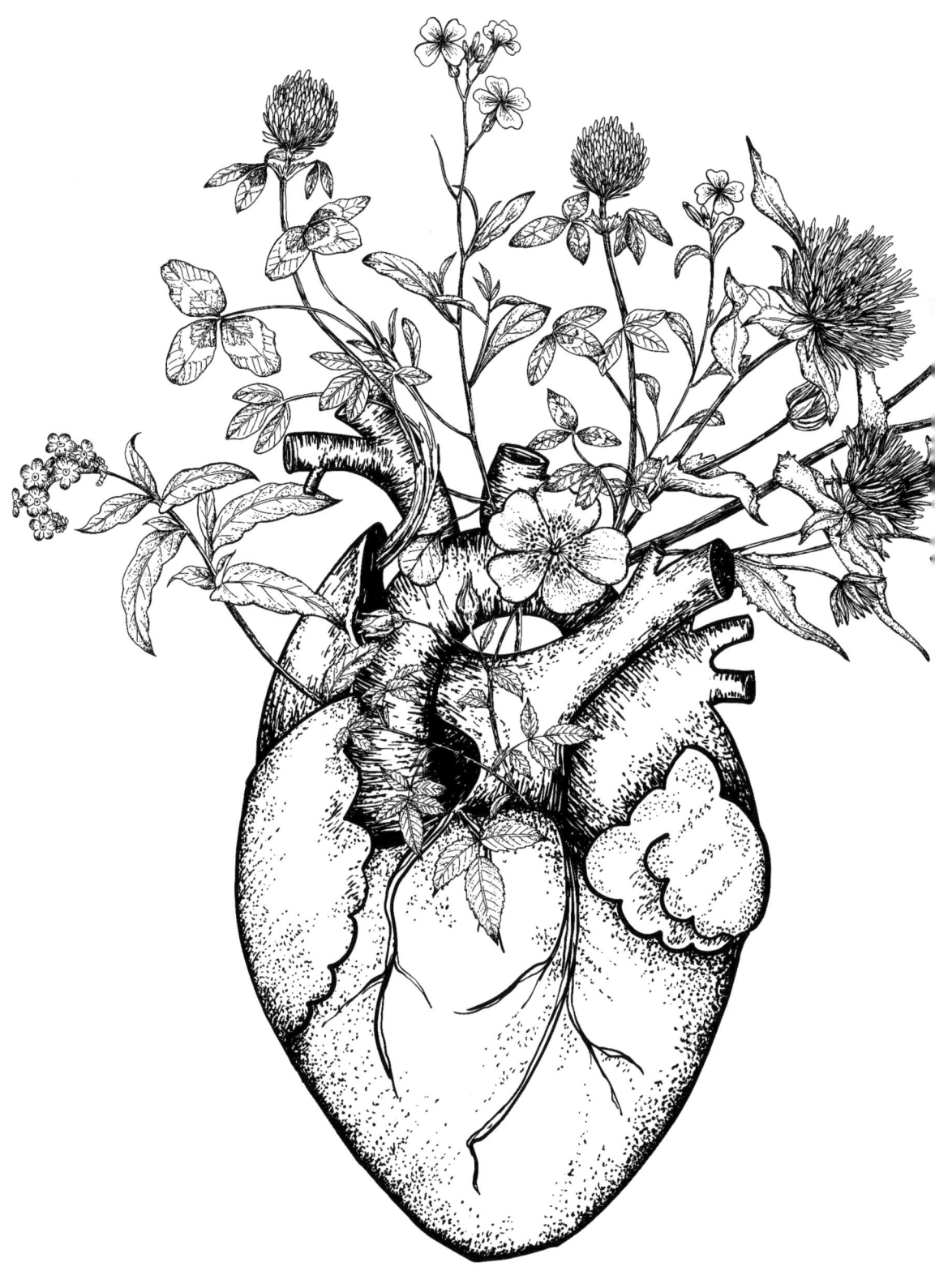

Dieses Buch wurde im April 2022
in Madrid gedruckt,
an dem Tag, an dem Oye 19 Jahre
alt geworden wäre.

Für Martina

ISBN 978-3-85179-525-7

Alle Rechte vorbehalten

© 2022 by Laura Agustí
© 2022 by Penguin Random House Gruppe Editorial, S.A.U., Barcelona

Titel der spanischen Originalausgabe: Historia de un gato

© 2023 für die deutschsprachige Ausgabe
Thiele Verlag in der Thiele & Brandstätter Verlag GmbH, Wien

Satz und Umschlaggestaltung unter Verwendung einer
Illustration von Laura Agustí: Christina Krutz, Biebesheim am Rhein

Druck und Bindung: Longo, Bozen

www.thiele-verlag.com